Alessia Bauer, Kurt Schier (Hgg.)
mit einem Nachtrag von Peter Landau

Konrad Maurer, Reise nach Island (im Sommer 1858)

Kommentierte Ausgabe
Band 2

Herbert Utz Verlag · München

Münchner Nordistische Studien

herausgegeben von

Annegret Heitmann und Wilhelm Heizmann

Band 31

Titelbild: W. G. Collingwood, A Pilgrimage to the Saga-Steads of Iceland, 1899
Original Abb. 10 „The *Lögberg* and Nicholas' Chasm"

Bibliografische Information der Deutschen Nationalbibliothek
Die Deutsche Nationalbibliothek verzeichnet diese Publikation
in der Deutschen Nationalbibliografie; detaillierte bibliografische Daten
sind im Internet über http://dnb.d-nb.de abrufbar.

Dieses Werk ist urheberrechtlich geschützt.
Die dadurch begründeten Rechte, insbesondere die der Übersetzung, des Nachdrucks,
der Entnahme von Abbildungen, der Wiedergabe auf photomechanischem oder ähnlichem Wege und der Speicherung in Datenverarbeitungsanlagen bleiben – auch bei nur
auszugsweiser Verwendung – vorbehalten.

Copyright © Herbert Utz Verlag GmbH · 2017

Zwei Bände, nur geschlossen beziehbar. ISBN 978-3-8316-4677-7

Printed in EU

Herbert Utz Verlag GmbH, München
089-277791-00 · www.utzverlag.de

Inhaltsverzeichnis

Band II
1. Einleitung
   - 1.1 Zur Person Konrad Maurer 1
   - 1.2 Maurers Text innerhalb der Tradition der Island-Berichte 22
   - 1.3 Die Reise und ihre Dokumentation 39
     - 1.3.1 Das facettenreiche ‚Ich' 41
     - 1.3.2 Zeit und Raum in der *narratio* 43
     - 1.3.3 Der Stil des Berichts 48
2. Kommentar 51
   - 2.1 Die entfernte Sagazeit 52
   - 2.2 Die Frühneuzeit und die Rezeption 63
   - 2.3 Island im 19. Jahrhundert 74
3. Literaturverzeichnis 82
4. Stammtafeln 87
5. Register 101
   - 5.1 Personennamenregister 101
   - 5.2 Ortsnamenregister 139
   - 5.3 Sachregister 154
6. Konrad Maurer: Der Rechtshistoriker Islands und Norwegens (Peter Landau) 159
7. Karten der Reiseetappen 175

1. Einleitung

1.1 Zur Person Konrad Maurer

Wer war Konrad Maurer, und vor allem wie kam er dazu, sich gerade mit Island so intensiv zu beschäftigen? Die Beantwortung dieser Frage macht es nötig, einen Blick auf die historischen Verhältnisse der Zeit zu werfen und insbesondere auch Konrad Maurers Vater zu berücksichtigen, denn dieser hatte entscheidenden Einfluss auf die Berufswahl seines Sohnes.

Im Zuge der im Jahr 1826 von König Ludwig angeordneten Verlegung der Universität Landshut nach München wurde auch der als Rechtshistoriker tätige Jurist Georg Ludwig (ab 1831, von) Maurer berufen. Lediglich von 1826–1831 wirkte er an der Münchner Universität, dann wandte er sich der Politik zu. Als Staatsrat war er lange Zeit einer der wichtigsten Ratgeber des Königs und hatte bei ihm eine Vertrauensstellung. Nachdem 1830 mit Unterstützung vieler europäischer Staaten Griechenland die Freiheit von der türkischen Herrschaft erhalten hatte, wurde von England, Frankreich und Russland der siebzehnjährige Sohn König Ludwigs, Otto, als König von Griechenland eingesetzt. Die Regierungsgeschäfte führte in dessen Namen ein aus drei Männern bestehender Regentschaftsrat; einer davon war Georg Ludwig von Maurer, der sich u. a. große Verdienste um den Ausbau des griechischen Schulwesens und die Ausarbeitung eines griechischen Rechts erwarb.

Sein Sohn Konrad, der am 29. April 1823 in Frankenthal geboren worden war, zog mit seinem Vater nach Griechenland und lebte von 1833 bis 1834 in Nauplia (Nafplion); seine Mutter war wenige Jahre vorher in München gestorben, so dass die Erziehung ganz in den Händen seines Vaters lag. Auch den Unterricht erhielt Konrad im Hause des Vaters, erst im Alter von 14 Jahren trat er in das Alte Gymnasium in München ein, das jetzige Wilhelmsgymnasium, wo er im Herbst 1839 seine Abschlussprüfung (Absolutorialprüfung) ablegte. Er war damals wenig älter als 16 Jahre.

Der Vater war eine dominierende Persönlichkeit und griff immer wieder in das Leben des Sohnes ein. Wenngleich die vorhandenen Akten und Unterlagen wenig Auskunft darüber geben, kann man aus vereinzelten Briefstellen ersehen, wie der Vater Konrads Lebensweg lange Zeit bestimmte und dabei kaum Rücksicht auf dessen Wünsche nahm. So ging auch die Berufswahl auf eine Entscheidung des Vaters zurück. Konrad hatte auf Anregung eines Onkels, des Heidelberger Chemikers Gmelin, eigentlich Naturwissenschaften studieren wollen; besonders interessierten ihn die Kristallographie und Mineralogie. Doch fügte er sich dem Wunsche des Vaters und begann ein juristisches Studium, zunächst in München, dann in Leipzig und Berlin. Immerhin gelang es ihm während des Studiums, seinen eigenen Interessen nachzugehen, nämlich der Philologie und der Rechtsgeschichte. In biographischen Notizen, die er – vermutlich 1846/1847 und möglicherweise im Zusammenhang mit seiner Berufung zum Professor – anfertigte, betont er selbst, dass er die beiden ersten Studienjahre in München „hauptsächlich auf Philologisches richtete". Den entscheidenden Anstoß erhielt er in den drei Semestern, die er in Berlin verbrachte; hier war es vor allem Jacob Grimm, der Maurers Interesse für die Philologie verstärkte und ihn auch zur Altertumskunde und zur Volkskunde führte. Auch nach der Rückkehr nach München betrieb er seine philologischen Studien weiter. Gerade diese neben der eigentlichen Ausbildung zum Juristen liegenden Studien hatten für seine spätere wissenschaftliche Tätigkeit große Bedeutung. Denn die altisländischen Quellen, speziell die *Íslendingasögur*, die *Sturlunga saga* sowie die *Landnámabók* betrachtete er nicht in erster

Linie als Jurist, sondern als Philologe. Daher ist seine oft zu beobachtende kritische Haltung gegenüber den Sagas zu verstehen, die ihn, wie man erst rückblickend erkennt, zu einer prominenten Figur der modernen Sagaforschung werden ließ. Das Interesse, das er unter dem Einfluss von Jacob Grimm für Volkssagen und Märchen aufbrachte, führte dazu, dass er sich schon früh auch mit bayerischen Erzählungen dieser Art befasste. Doch ist die weitaus bedeutendste Frucht dieser Studien seine *Isländische Volkssagen der Gegenwart*, die 1860 als erstes Ergebnis seiner Islandreise erschienen und den Weg für die Ausgabe der *Íslenzkar Þjóðsögur og ævintýri* von Jón Árnason eröffneten; diese konnten nämlich durch den persönlichen Einsatz von Konrad Maurer 1862 und 1864 in Leipzig publiziert werden.

Während die beiden Interessensbereiche Philologie und Volkskunde ganz außerhalb des eigentlichen Faches Maurers lagen, bildete ein dritter, nämlich die Rechtsgeschichte, immerhin einen Teil, wenn auch einen wenig beachteten, der Rechtswissenschaften. Sein Interesse galt allerdings Themen, die auch innerhalb der damaligen Rechtsgeschichte ganz am Rande zu liegen schienen: Zuerst in Leipzig, dann vor allem in Berlin wurde er auf die angelsächsischen und die nordischen Rechte aufmerksam. Neben den Juristen Wilhelm Eduard Albrecht in Leipzig und Karl von Richthofen in Berlin war es wiederum Jacob Grimm, der Maurer in diese Richtung lenkte. Diese Rechte und Gesetze waren zu dem Zeitpunkt nur unzulänglich erschlossen, es fehlte an grundlegenden Editionen und es bedurfte vor allem gründlicher Sprachkenntnisse, um die Quellen überhaupt nutzen zu können.

Wieder in München zurückgekehrt, schloss Maurer sein Universitätsstudium rasch ab, absolvierte das Examen für den juristischen Staatsdienst (1844) und begann seine praktische Ausbildung am königlichen Landgericht in dem Münchner Stadtteil Au.

Im Jahr 1845 legte er seine Doktorprüfung mit einer Dissertation *Über das Wesen des ältesten Adels der deutschen Stämme in seinem Verhältnis zur gemeinen Freiheit* (erschienen in München 1846) ab. Sein Lebensweg schien ihm nun vorgezeichnet: Er wollte eine praktische juristische Tätigkeit ausüben, als Richter oder Rechtsanwalt, und sich daneben, seinen Interessen entsprechend, wissenschaftlich mit den nordischen Rechten beschäftigen. Nun griff aber allem Anschein nach erneut der Vater ein, der Konrad an den akademischen Betrieb binden sollte: 1847 erhielt Konrad eine außerordentliche Professur für Deutsches Recht, dann auch für deutsche Rechtsgeschichte und Staatsrecht an der Univer-sität München. Diese Berufung erfolgte allerdings ganz gegen Konrads Willen, denn er strebte keineswegs eine akademische Laufbahn an. Er war somit als blutjunger Wissenschaftler in einen Beruf gedrängt worden, die ihn Jahrzehnte hindurch belastete und ihn immer wieder davon abhielt, seinen eigentlichen Interessen nachzugehen. Häufig berichtet er in Briefen von der Mühe, die sein Amt ihm bereitete, und mehrmals hoffte er, sich von dieser Last befreien zu können. Ein Brief vom 12.7.1865 an den Senat der Universität München zeugt von seiner Unzufriedenheit:

> Frühzeitig ernsten wissenschaftlichen Studien zugewandt, hatte ich doch nie die Absicht gehabt, dem akademischen Berufe mich zu widmen. Als Erholung zugleich und als geistige Kräftigung neben einer praktischen Tätigkeit sollten meine rechtsgeschichtlichen Studien mir dienen, welche ich eben darum, meinen individuellen Neigungen entsprechend, auf wissenschaftlich vielversprechende, aber auch wenig bearbeitete und sehr abgelegene Gebiete, auf das angelsächsische Recht nämlich und auf die altnordischen Altertümer, richten zu dürfen glaubte. Ohne mein Zutun, ohne mein Wissen, ja wider meine bestimmtest ausgesprochenen Wünsche wurde ich vor nunmehr 19 Jahren unversehens zum Lehramte berufen, unter Umständen, welche, so peinlich es mir war dem Rufe Folge

zu leisten, doch ein Ablehnen desselben mir völlig unmöglich machten. [Universitäts-Archiv München, Sign. E ll 488, Nr. 5490].

Obgleich er nach seiner Berufung auf die Münchener Professur anfangs fast vorwiegend Deutsches Recht unterrichtete, sind seine größeren wissenschaftlichen Arbeiten ausschließlich nordischen Themen gewidmet. Da die Kenntnis der nordischen Rechte in Deutschland sehr eingeschränkt war, entschloss sich Maurer deshalb, in einer Reihe von Übersichtsdarstellungen (*Beiträge zur Rechtsgeschichte des Germanischen Nordens*) die Kenntnis dieses Bereiches zu fördern. Bereits der erste Band beschäftigte sich mit einem zentralen Thema Islands: 1852 erschien *Die Entstehung des Isländischen Staates und seiner Verfassung*. Entsprechende Darstellungen der anderen Rechte des Nordens, auch des dänischen und schwedischen Rechts, waren zwar geplant, wurden jedoch nie verfasst. Seine Aufmerksamkeit richtete sich fortan fast ausschließlich auf die isländischen und norwegischen Gebiete sowie auf die Literatur dieser Länder, die für ihn eine beinah unerschöpfliche Quelle für das Studium ihrer Geschichte darstellten. Die nächste Arbeit, die für diese Reihe geplant war, sollte Islands Bekehrung und die frühe Geschichte der Kirche zum Gegenstand haben; bei der überaus gründlichen Arbeitsweise Maurers, die die Quellen mit allen Details berücksichtigte, entwickelte sich daraus ein monumentales Werk (*Die Bekehrung des Norwegischen Stammes zum Christenthume*), das in zwei umfangreichen Bänden 1855 und 1856 erschien.

Wenngleich das Curriculum es nicht zwingend vorsah, beschloss Maurer in das Land zu reisen, aus dem seine Quellen stammten. So kam es dazu, dass er 1858 die für damalige Verhältnisse ebenso ungewöhnliche wie beschwerliche Reise nach Island unternahm. Geologen, Geographen oder Vulkanologen hatten Island häufig aufgesucht, vereinzelt auch ein von missionarischem Geist erfüllter Mann wie Ebenezer Henderson, und zuweilen kamen auch von Abenteuerlust oder Entdeckerdrang getriebene Männer auf die Insel. Für den Philologen und Rechts-historiker Maurer galt es v. a. die Stätten der Sagaliteratur und des Rechtes zu besichtigen; er war mit den Schriftdenkmälern der isländischen Vergangenheit, mit der Literatur und geistigen Kultur des alten Islands vertraut, und sein Interesse richtete sich anfangs vor allem auf das mittelalterliche Island. Seine Aufgeschlossenheit für die aktuellen Probleme des Landes wurde erst geweckt, als ihm klar wurde, wie sehr Islands politische Situation in der Mitte des 19. Jh.s abhängig von historischen und rechtlichen Geschehnissen im Mittelalter war.

In seinem ersten Werk über Island (1852) hatte die Erörterung der verfassungsrechtlichen Situation des Landes eine wichtige Rolle gespielt. Eben dieses Thema war aber auch Gegenstand heftiger Diskussionen zwischen Isländern und Dänen, wobei es vor allem um die Frage ging, wieweit das kurz vorher erlassene dänische Grundgesetz überhaupt für Island Gültigkeit besitze. Der dänische Jurist J. E. Larsen hatte eine polemische Schrift darüber veröffentlicht, gegen die sich Jón Sigurðsson (*Om Islands statsretlige forhold*. Kjøbenhavn, 1855) gewendet hatte. Er sandte seine Arbeit auch Maurer zu und dieser antwortete in einem Brief vom 10. Juni 1856 (vermutlich der erste Brief an Jón Sigurðsson überhaupt). Maurer reagierte zunächst scheinbar zurückhaltend: Ein selbständiges Urteil habe er nur über die ältere Zeit der isländisch-norwegischen Union, und in diesem Bereich halte er die Argumentation von Jón Sigurðsson für überzeugend. Für die spätere Zeit könne er jedoch aus eigenem Urteil noch nichts sagen, allerdings scheine ihm auch hier Jóns Beweisführung richtig zu sein. Er müsse sich allerdings erst mit Larsens Schrift selbst beschäftigen, um dann sicher urteilen zu können. Und erst nachdem er Larsens Arbeit erhalten und sorgfältig überprüft hatte, wandte sich Maurer mit einem Brief vom 6. September desselben Jahres erneut an Jón Sigurðsson und erklärte ihm, jetzt habe er sich von der Richtigkeit seiner Argumente überzeugt und deswegen habe er nun selbst einen Artikel über das Thema geschrieben. Dieser Aufsatz erschien unter dem Titel *Island und das dänische Grundgesetz* in der wissenschaftlichen Beilage der in Augsburg erscheinenden *Allgemeine Zeitung* am 2., 10. und 11. Oktober 1856. Diese Zeitung war damals in ganz Deutschland hoch angesehen und galt als ein führendes Blatt in allen literarisch und historisch interessierten Kreisen; auf diese Weise erreichte Maurer ein viel größeres Publikum, als wenn er sich in einer wissenschaftlichen Fachzeitschrift geäußert hätte. In seinem Urteil folgte er eindeutig der Auffassung von Jón Sigurðsson und unterbaute die rechtlichen Forderungen der Isländer noch durch ausführliche Hinweise auf die Art, wie Island seine Unabhängigkeit im 13. Jh. aufgegeben hatte. Island sei staatsrechtlich selbständig neben dem Königreich Dänemark und Maurer fügte für die deutschen Leser hinzu, dass Island mit gleichem Recht seine Selbständigkeit von Dänemark beanspruche, wie von deutscher Seite die Unabhängigkeit der Herzogtümer Schleswig und Holstein gefordert werde. Hierüber gab es ja seit langem Auseinandersetzungen zwischen Dänemark und Deutschland, die zweimal zum Krieg führten. Durch diesen Vergleich konnte er natürlich eine deutsche, patriotisch eingestellte Leserschaft auch stark an der isländischen Frage interessieren. „Der innere Zusammenhang, welcher zwischen dem isländisch-dänischen Verfassungsstreite und dem Zerwürfnisse der deutschen Herzogthümer mit Dänemark bestand, musste von Vornherein den Deutschen auf die isländische Seite stellen", schreibt er im Vorwort zu einer Aufsatzsammlung, in der dieser frühe Zeitungsartikel 1880 wieder abgedruckt wurde.

Für die isländischen Vertreter der staatsrechtlichen Selbständigkeit war Maurers Artikel von großer Bedeutung, denn hier hatte sich ein angesehener ausländischer Wissenschaftler nicht nur mit

Engagement, sondern auch mit umfassenden historischen und juristischen Kenntnissen für die isländische Sache ausgesprochen, ohne Rücksicht darauf, wie man dies in Dänemark auffassen konnte. Der Aufsatz wurde sogleich ins Isländische übersetzt und erschien schon ein Jahr später (1857) unter dem Titel „Um landsréttindi Islands" in der Zeitschrift *Ný Félagsrit*. Als Maurer 1858 nach Island kam, war der Artikel bereits weit verbreitet und der Reisende galt als einer der Vorkämpfer für das Recht Islands gegenüber dem mächtigeren Dänemark. Der Ruf verschaffte ihm die Sympathie vieler Isländer. Eine weitere sehr wichtige Konsequenz für Maurer war es, dass durch die Arbeit an diesem Stoff sein Interesse nicht nur auf das mittelalterliche Island gelenkt wurde, sondern dass er zu seiner eigenen Überraschung erkannte, wie kräftig sich das geistige Leben auf der Insel auch nach dem Mittelalter weiterentwickelt hatte und dass es gerade im 19. Jahrhundert einen neuen Aufschwung genommen hatte.

Als Vorbereitung zur Reise nahm er Unterricht in der isländischen Sprache und verbesserte seine bereits vorhandenen Dänisch-Kentnisse, wofür er zunächst einmal im Sommer 1857 für einige Zeit nach Kopenhagen reiste. In einem Brief an Jón Sigurðsson vom 16.3.1857 äußerte er sich zum ersten Mal konkret über seine Reisepläne. Dabei beklagte er sich über die Schwierigkeiten, in Deutschland isländische Studien zu betreiben, da alle Hilfsmittel fehlen, und er fährt dann fort:

> Auf später hinaus habe ich eine Reise nach Island selbst vor, und für diese möchte ich mich in Kopenhagen vorbereiten. Dabei handelt es sich einmal um die Einziehung genauer Nachrichten über die Erfordernisse einer Reise nach Island, über die Kosten einer solchen, über die Zeit der Hinfahrt und Rückfahrt, über die wichtigeren zu besuchenden Punkte, u. dgl. m. Nicht minder aber handelt es sich um meine eigene Vorbildung, also vor allem um Unterricht in der isländischen, etwa auch dänischen Spra-

che, um einige Orientierung in isländischen Handschriften, endlich um einen Überblick über die moderne Literatur, von der wir in Deutschland so gut wie gar nichts wissen. Ich hoffe in 2–2½ Monaten, welche mir meine Ferien gewähren, mit diesen verschiedenen Aufgaben ziemlich fertig werden zu können, wenn ich anders einen tüchtigen Lehrer in Ihrer Muttersprache auftreiben kann, der zugleich Literatur- und Landeskunde besitzt. (Lbs 2590 4to)

Zehn Wochen verbrachte Maurer im Herbst 1857 in Kopenhagen und wurde dort vor allem unterstützt von Gísli Brynjólfsson (1827–1888) und Guðbrandur Vigfússon (1827–1889), mit dem ihn von da an eine lange Freundschaft verband. In der Reisebeschreibung geht Maurer kurz auch auf diesen vorbereitenden Aufenthalt ein. Sein Ziel war ja, tiefer in die isländische Sprache einzudringen, als es in Deutschland möglich war, und dazu gehörte auch das „Lesen und Beurteilen isländischer Codices" in der Arnamagnaeanischen Sammlung, wie er es in der Reisebeschreibung ausdrückt. Tatsächlich – und das verschweigt er an dieser Stelle – benutzte er die kurze Zeit dazu, eine exakte Abschrift der *Gull-Þóris saga* oder *Þorskfýrðinga saga* herzustellen, die es ihm dann ermöglichte, 1858 die erste Ausgabe dieses Textes überhaupt herauszugeben. Die Ausgabe ist für ihre Zeit erstaunlich zuverlässig und auch die Einleitung zeigt kritisches Abwägen, wenn Maurer auch später die Glaubwürdigkeit von Isländersagas weit skeptischer beurteilte als in dieser seiner frühen Edition.

Nach dem Aufenthalt in Kopenhagen war er nun fest entschlossen, im folgenden Jahr nach Island zu reisen, und seine isländischen Freunde, insbesondere aber Jón Sigurðsson, unterstützten ihn bei der praktischen Vorbereitung. Am 8. Januar 1858 stellte er über die Universität München den Antrag, für die Reise nach Island von Ende März bis Mitte November beurlaubt zu werden. Darin heißt es:

Hoher akademischer Senat,
Seit geraumer Zeit mit dem Studium des altnordischen,
insbesondere des Isländischen Rechts beschäftigt, finde
ich es im Interesse dieser meiner Studien dringend wünschenswert, durch eigene Anschauung mir ein Bild von
den derzeitigen Zuständen der Insel Island verschaffen zu
können, welche wie in ihrer Sprache so auch in ihrem
Recht und ihrer wirtschaftlichen Verfassung sehr erhebliche Überreste einer altertümlichen Ordnung sich erhalten
hat.
Schon das Ziel der projektierten Reise wird dafür sprechen, dass es sich bei derselben nur um die Verfolgung
ernsthafter wissenschaftlicher Zwecke handle; sowohl in
dieser Hinsicht als auch zum Beweise meiner eigenen genügenden Vorbildung für ein solches Unternehmen glaube ich mich überdies auf meine bisherigen literarischen
Leistungen auf dem Gebiete der Isländischen und Norwegischen Geschichte berufen zu dürfen.

Die Abgelegenheit der Insel sowie die Seltenheit der Verbindungen mit derselben, deren Klima und Unwegsamkeiten ferner, welche die Bereisung nur während des höchsten Sommers möglich machen, binden die Möglichkeit der
Ausführung meines Planes an die Allergnädigste Erteilung
eines mehrmonatlichen Urlaubes durch Seine Majestät
unseren Allergnädigsten König und Herrn als an eine
notwendige Voraussetzung, und wage ich somit im Hinblick auf den wissenschaftlichen Zweck des Projektes die
gehorsamste Bitte an einen hohen akademischen Senat zu
richten, derselbe wolle bei seiner Majestät Staatsministerium für Kirchen- und Schulangelegenheiten die Allergnädigste Bewilligung eines achtmonatlichen Urlaubes, von
Ende März bis Mitte November laufenden Jahres reichend, für den gehorsamst Unterzeichneten begutachten.
[Univ.-Archiv München, Sign. E (I 488, Nr. 531)]

Noch im gleichen Monat wurde ihm dieser Urlaub vom zuständigen Ministerium genehmigt. Auch einen Reisebegleiter erhielt er, wie er in einem Brief an Jón Sigurðsson vom 25.2.1858 schreibt, in dem er auch Auskunft über die Finanzierung der Reise gibt:

> Hindert mich nichts, so hoffe ich etwa gegen Ostern von hier abgeben zu können. In Kopenhagen werde ich einen Reisegenossen treffen, nämlich einen jungen Mineralogen von hier, Dr. Winkler, welchem unser König ein Reisestipendium zu einer Fahrt nach Island verwilligt hat. Da mir der Mann bekannt ist, ist mir natürlich seine Gesellschaft ganz angenehm; übrigens bin ich in keiner Weise an diese gebunden, da ich selbst ohne Unterstützung von König oder Staat wandere. (Lbs 2590 4to)

Der Mineraloge Georg Winkler erhielt nach den Rechnungsbüchern der Bayerischen Akademie der Wissenschaften ein Reisestipendium in Höhe von 1.800 Gulden. Maurer scheint hingegen die Reise aus eigener Tasche bezahlt zu haben; sein Name erscheint nämlich in keinem der entsprechenden Rechnungsbücher und auch das Geheime Hausarchiv des bayerischen Königshauses nennt ihn nicht.

Maurer war vor der Reise voller Erwartung und Neugierde. Eine seiner persönlichsten Äußerungen hierzu findet man ebenfalls in dem Brief an Jón Sigurðsson vom 25.2.1858:

> Das vorherrschende Gefühl ist zur Zeit noch das der Freude, der Freude vor allem, Sie und so manche andere werte Persönlichkeit wieder sehen und sprechen zu können, der Freude ferner, das gelobte Land meiner Wünsche und meiner Studien endlich aus eigener Anschauung kennenlernen zu sollen. Es mischt sich indessen auch wohl schon manches trübere Gefühl mit ein; nicht nur die immerhin leidige Erwartung des Abschiedes und der längeren Entfernung von den Meinigen, sondern auch das beklemmende Bewußtsein der Unzulänglichkeit meiner Vorbereitung auf die Reise beginnt sich geltend zu ma-

chen. Indessen, ich habe getan was mir unter gegebenen ungünstigen Verhältnissen zu tun möglich war, und muß nun sehen wie ich mit diesem Wenigen zurecht komme. Bin ich erst von hier weg und auf der Wanderschaft, so wird sich Mut und Zuversicht schon wieder einstellen. Es geht mir gewöhnlich so, dass wenn ich erst ins Wasser gefallen bin, ich mir auch mit dem Schwimmen helfen kann. (Lbs 2590 4to)

Es stellt sich die Frage, welche Auswirkungen die Island-Reise Konrad Maurers auf seine späteren Jahre, auf sein Leben und auf seine Arbeiten hatte. Was für ein außerordentliches persönliches Erlebnis die Reise nach Island für ihn bedeutete, kann man nur gelegentlich aus verstreuten Bemerkungen erkennen, da er mit derartigen Äußerungen immer sehr zurückhaltend war. Aus dem Tagebuch erfährt man, dass er fast täglich Briefe an seine Verlobte Valerie Faulhaber geschrieben hat, aber bisher konnte von diesen Briefen, in denen man am ehesten persönliche Eindrücke und Beschreibungen erwarten könnte, nichts wieder aufgefunden werden und man muss sie wohl als verloren betrachten. Auch ist der Briefwechsel zwischen Maurer und den isländischen Intellektuellen seiner Zeit bis heute nicht vollständig erschlossen. Dass für ihn Island aber viel mehr war als nur ein Gegenstand wissenschaftlicher Untersuchungen, wird an vielen Einzelheiten sichtbar. Ein paar Beispiele seien hier angeführt: Für seine Verlobte Valerie brachte er eine isländische Tracht mit, wovon eine Fotografie erhalten ist, die sie in dieser Tracht zeigt. Mehrmals erfährt man aus dem Tagebuch, dass sich Maurer genau erläutern ließ, wie die Tracht und der dazugehörende Schmuck getragen werden müssen. In der Familienüberlieferung wird berichtet, dass Valerie sie bei ihrer Hochzeit am 18. November 1858 getragen habe. Auch Schmuckstücke hat Maurer in Island erworben; lange wurde in der Familie ein schwerer goldener Ring mit einem schwarzen, rundgeschliffenen Obsidian aufbewahrt, den Maurer aus Island mitbrachte.

Und am 25. Mai vermerkte er im Tagebuch, er habe „einen Ring für meiner Valerie Geburtstag bei Sigurðr Vigfússon bestellt."

Allgemein bekannt ist Maurers Interesse an der Volksüberlieferung sowie seinen Einsatz für die große Ausgabe der *Þjóðsögur og ævintýri* von Jón Árnason, denn Jón selbst hat im Vorwort zum ersten Band und Guðbrandur Vigfússon in der Einleitung zum zweiten Band ausführlich darüber geschrieben. Es war, wie man von daher weiß, vor allem der Aufmunterung Maurers, ja dem Drängen Maurers zu verdanken, dass Jón Árnason die Sammlung von Volkserzählungen fortsetzte, nachdem von den anfangs von ihm und Magnús Grímsson gesammelten Geschichten nur eine kleine Probe 1852 im Druck erschienen war und die beiden kaum eine Möglichkeit sahen, eine große Sammlung zu veröffentlichen.

Während es mit der Ausgabe seiner Volkssagen und der Edition der großen Sammlung von Jón Arnason erstaunlich rasch gegangen war, verlief die Abfassung der geplanten Reisebeschreibung nur sehr schleppend. Dem Briefverkehr ist zu entnehmen, dass sich Maurer schon kurze Zeit nach seiner Rückkehr an die Arbeit gemacht hatte. Wie bei den Sagenarbeiten sah er sich auch im Zusammenhang mit der Reisebeschreibung als Vermittler, als einer, der in Deutschland Verständnis für die isländische Sache wecken, der aufklären und Irrtümer beseitigen wollte. Diese Haltung gegenüber Island hat ihn sein Leben lang nicht mehr verlassen. Für den Reisebericht mögen zwei Briefstellen die Ziele erläutern, die er sich mit dem Werk gesetzt hatte. Ein halbes Jahr nach seiner Rückkehr schrieb er an Jón Sigurðsson (Brief vom 10.4.1859):

> An meinem Reiseberichte arbeite ich nebenbei fort, wie sich eben Zeit gibt. Ich fürchte aber, Sie erwarten sich davon zu viel. Es ist gar schwer, die Eindrücke eines flüchtigen Besuches mit dem zerstreuten Materiale zusammen zu verarbeiten, welches die Literatur bietet. Dazu kommt, dass mir alle und jede Gewandtheit in der Form fehlt. Es liegt eine gewisse Ängstlichkeit hinsichtlich des Inhalts

> dabei zu Grunde; ich möchte diesen so korrekt und genau
> und voll als möglich haben, und darüber wird mir die Dar-
> stellung schwerfällig, schleppend, langweilig. Versprechen
> kann ich Ihnen nur das eine, dass eine herzliche Liebe zu
> Ihrer Heimat den Grundzug meines Berichtes bilden wird
> und dass ich eben darum auch nicht unterlassen werde, of-
> fen über das Fehlende im Lande mich auszusprechen.
> [Þjóðskjalasafn Íslands]

Noch klarer beschrieb er einige Ziele seines Reiseberichts in einem Brief an Jón Sigurðsson vom 1. November 1860. Maurer war sich ganz darüber im Klaren, dass er anderen Island-Reisenden durch seine Sprachkenntnisse und die Vertrautheit mit der Geschichte und Kultur des Landes vieles voraus hatte. Daraus leitete er für sich eine zweifache Aufgabe ab: ein umfassendes Bild Islands zu entwerfen sowie bestehende und verbreitete Irrtümer und Vorurteile zu beseitigen:

> Ich hoffe, wenn erst die nächsten acht Tage herum und
> damit unsere Prüfungen beendigt sind, ruhige Zeit zu ge-
> winnen zur Ausarbeitung meines Reiseberichtes samt Bei-
> lagen, und da ist mir alles, was die neueren Zustände Is-
> lands betrifft, jetzt doppelt willkommen. Ich habe jetzt
> endlich auch die beiden jüngsten Bände Ihrer Gesetzes-
> sammlung erhalten, die ich so schwer entbehrte; jetzt will
> ich denn sehen, ob und wie weit es mir gelingen will, ein
> richtiges und lebendiges Bild der Insel zu entwerfen. Ihrer
> freundlichen Unterstützung und der Hülfe so mancher Ih-
> rer Landsleute habe ich es zu danken, dass ich unter güns-
> tigeren Umständen arbeite, als vielleicht irgend ein ande-
> rer Fremder, der noch im Lande gereist ist, und im Gro-
> ßen und Ganzen glaube ich, einiges Verständnis für die
> Zustände des Landes gewonnen zu haben; wie ich aber
> dem Einzelnen nähertrete, will die erworbene Kenntnis
> nirgends ausreichen, und hier sie zu vervollständigen, ist
> schwer. In einer Richtung bin ich indessen sicher, etwas
> Nützliches tun zu können; so mancherlei schiefe Berichte

und Urteile, die in frühere Reisebeschreibungen durch sprachliche Unkenntnis und dadurch veranlaßt Mißverständnisse oder ungehobene Irrtümer hineingekommen sind, werde ich zu berichtigen im Stande sein. Ein Hauptaugenmerk richte ich darauf, auffällige Erscheinungen im politischen, ökonomischen, sozialen Leben, die jedem Reisenden sich aufdrängen, auf ihre rationellen Gründe zurückzuführen; ich meine, dass gar Vieles, was anderen als ein Produkt ungeordneten oder gar rohen Wesens erschienen ist, sich, so betrachtet, zu Eigentümlichkeiten der Lage, des Klimas, des Bodens zurückführen lasse. Mag dann im Einzelnen auch mancher Irrtum bei mir selbst mit unterlaufen, so soll hoffentlich doch schon das Einnehmen eines solchen Standpunktes sein Gutes haben!

Winkler, der Maurer streckenweise auf seinem Ritt durch Island begleitet hatte, brachte schon 1861 ein Buch über das Land heraus, dem zwei Jahre später ein weiteres folgte. Jón Sigurðsson beurteilte das erste Buch negativ und Maurer stimmte ihm in einem Brief vom 25.10.1861 zu. Er bemängelte vor allem, dass Winkler aufgrund fehlender Sprachkenntnisse keinen direkten Kontakt mit der Bevölkerung gehabt hatte und dass deswegen seine Beobach-tungen oberflächlich und unzusammenhängend bleiben mussten, weil er von der Geschichte des Landes wenig wusste. Es sei wenig Falsches in dem Buch enthalten, aber doch viel Wichtiges wegge-lassen und anderes zu Unrecht besonders betont worden, so dass im Ganzen ein verzerrtes und unwahres Bild entstanden sei. Im persönlichen Umgang mit Winkler während der Reise störte es Maurer besonders, dass sein Reisebegleiter oft schlecht gelaunt und überhaupt nicht in der Lage war, Schönheit und Besonderheit des Landes zu erkennen. Wegen ihrer Illustrationen sind seine beiden Island-Bücher jedoch von Interesse, denn auf diese Weise erhält der heutige Leser einigermaßen authentische Bilder verschiedener Landschaften im Zusammenhang mit dem Ritt Maurers.

Mehrmals unternahm Maurer Versuche, die Last seines Berufs abzuschütteln, aber es sollte noch lange dauern, bis ihm das endlich gelang. Zum ersten Mal machte er sich im Jahre 1859 Hoffnungen in dieser Richtung. Im Herbst des Jahres erhielt er eine Anfrage der Universität Kiel, ob er geneigt sei, einen Ruf auf einen Lehrstuhl für Schleswigsches Recht anzunehmen. Er machte darüber nur Jón Sigurðsson und Guðbrandur Vigfússon vertrauliche Mitteilung; da Kiel damals noch dem dänischen Reich angehörte, bat er Jón Sigurðsson, in Kopenhagen Erkundigungen darüber einzuholen, wie die Sache stünde. Er war entschlossen, einen solchen Ruf anzunehmen, und schrieb darüber am 8.1.1860 an Jón Sigurðsson:

> Mich zieht dahin einmal die Nähe von Kopenhagen, welche mir den Betrieb meiner Isländischen Studien gar sehr erleichtern würde, von der persönlichen Annehmlichkeit eines bequemen und darum weit häufigeren Verkehrs mit Ihnen und Ihren Landsleuten ganz abgesehen. Von hohem Wert wäre mir ferner, dass die mir angetragene Professur mir gerade das Studium Nordischer Rechte, das ich als meinen inneren Beruf betrachte, auch äußerlich zuweisen würde. Endlich würde mich auch das bewegtere politische Leben in den Herzogtümern anziehen, wo die mir zugedachte Professur selber einen unmittelbarer in das Leben eingreifenden Einfluß verstattet. Ich hätte ganz gerne Lust, einmal auf ihrem eigenen Gebiet mit den Dänen mich zu schlagen. Aus allen diesen Gründen bin ich entschlossen nach Kiel zu gehen, vorausgesetzt dass mich die Regierung, bei welcher jetzt die Entscheidung liegt, dem Ansuchen der Universität entsprechend überhaupt dahin beruft; [...] es mag sein, dass sie in Kopenhagen sich entsetzen über die Zumutung, einen so dänenfeindlichen Menschen wie ich bin zu berufen. [Þjóðskjalasafn].

Maurers Zweifel waren berechtigt: Aus der Berufung nach Kiel wurde nichts, Maurer bedankte sich bei Jón Sigurðsson in einem Brief vom 17.2.1860 für die Schritte, die er in Kopenhagen für ihn unternommen hatte, und fuhr fort:

> Die Wahrheit zu sagen, so hatte ich von Anfang an nicht viel Glauben an einen Erfolg der von Kiel aus getanen Schritte; alles ließ von vorneherein vermuten, dass man in Kopenhagen überhaupt nicht darauf eingehen wird, die vakante Stelle für Schleswigsches Recht dort zu besetzen, und ich konnte mir auch allenfalls denken, dass ich selber nicht gerade eine persona grata sein werde. [...] Ich habe der Fakultät erklärt dass ich bereit sei nach Kiel zu gehen, wenn man mich auf meine eigenen Bedingungen hin rufe, aber auch mir den Rücktritt von dieser Zusage für den Fall vorbehalten, dass man in Kopenhagen die Sache in die Länge ziehe. Weiter tue ich nichts. Aber Spaß macht es mir denn doch, dass die Kopenhagener Herrn, wie ich aus Ihrem und Guðbrands Briefe sehe, so gar sehr wild sind über mich. (JS 144 fol)

Natürlich war es eine politische Entscheidung, Maurer, der sich so engagiert für die Sache Islands eingesetzt und dabei so nachdrücklich gegen Dänemark Stellung bezogen hatte, nicht auf eine dänische Universität zu berufen. Nun darf man das nicht so verstehen, dass Maurer Zeit seines Lebens die Dänen als Feinde betrachtet hätte. In einer politisch und staatsrechtlich so komplizierten Zeit wie in diesen Jahrzehnten, da Island versuchte, die ersten Schritte zur Wiedergewinnung seiner Unabhängigkeit zu tun, konnte es für Maurer keinen anderen Weg geben, als sich für eine Seite zu entscheiden, und das war naturgemäß die isländische. Dies änderte aber nichts daran, dass er bei vielen Dänen wegen seiner fachlichen Kompetenz, aber auch wegen seiner Unbestechlichkeit und Gerechtigkeit in hohem Ansehen stand. Sogar der dänische Staatsmann Krieger, der in den isländisch-dänischen Auseinandersetzungen eine zentrale Rolle spielte, suchte ihn selbst in München zu Gesprächen auf; im Jahre 1888 erhielt Maurer sogar das Komturkreuz des dänischen Dannebrog-Ordens, und nach seinem Tode richteten die juristische und die philosophische Fakultät der Universität Kopenhagen ein Beileidsschreiben an die Universität München, in der betont wurde, dass Maurer „mit so tiefer Einsicht und so seltenem Verständnis in das Leben, die Gesetze und die Kultur der nordischen Vorzeit eingedrungen war und [dass er] dadurch auch für die Forscher des Nordens ein Führer geworden ist." (Univ.-Archiv München, Sign. E II 488, Nr. 1067)

Nachdem die Berufung nach Kiel fehlgeschlagen war, hatte er weiterhin an der Universität München einen außerordentlich weiten Lehrbereich abzudecken: Deutsches Privatrecht, deutsche Staats- und Rechtsgeschichte und Staatsrecht. Diese ungeliebte Tätigkeit belastete ihn so sehr, dass auch seine Gesundheit zunehmend darunter litt. Im Sommer des Jahres 1866 stellte er deshalb den oben bereits kurz erwähnten Antrag, ihn für ein Jahr von seinen Pflichten an der Universität zu beurlauben. Zur Begründung führte er „traurige Gesundheitsverhältnisse" an und ein Nachlassen seiner geistigen und körperlichen Kräfte, als deren Ursache aber die Doppelbelastung durch den Unterricht auf dem einen Gebiet, die Forschungstätigkeit auf einem anderen, dem der nordischen Rechtsgeschichte (Univ.-Archiv München, Signatur E II 488, Nr. 5490). Der Urlaub wurde ihm genehmigt, aber auch nach einem Jahr fühlte er sich, wie er in einem ausführlichen Antrag darlegte, nicht in der Lage, seine Lehrtätigkeit im vollen Umfang wieder aufzunehmen. Tatsächlich erhielt er wenige Tage später unter Zustimmung des Königs die Erlaubnis „bis auf weiteres seine Lehrtätigkeit auf seine Spezialstudien im Gebiete der nordischen Rechtsgeschichte zu beschränken." (Univ.-Archiv München, Sign. E II 488, Nr. 6002). Endgültig befreit von seinen übrigen

Verpflichtungen wurde er erst im Jahre 1876. Maurer hatte im Winter dieses Jahres als Gastprofessor mit außerordentlichem Erfolg an der Universität Christiania (= Oslo) unterrichtet. Er wurde dort hoch geschätzt – selbst der König suchte zuweilen seine Vorlesungen auf – und Freunde, Kollegen sowie Schüler ließen auf ihre eigenen Kosten ein Bild von ihm malen, das der Universität in Christiania übergeben wurde. Trotz der hohen Wertschätzung nahm Maurer den Ruf nach Christiania nicht an. In einem kurzen Brief an die Universität München vom 8. Juni 1876 teilte er mit, dass er sich „nach hartem Kampfe entschlossen habe, den Ruf abzulehnen." Als einzige Begründung schrieb er:

> Ich sehe ja ein, dass mein Abgang von München das Fach, das ich zum ersten Male in den Kreis der deutschen Lehrvorträge eingeführt habe und das ich zur Zeit noch allein in Deutschland vertrete, würde niederfallen lassen, da ich zur Zeit noch nicht im Stande wäre, einen Nachfolger zu benennen, der im Stande und geneigt wäre, dasselbe zu vertreten; da meine Fakultät wünscht, dass ich weiter an derselben in bisheriger Weise wirke, muß ich ja wohl bis auf Weiteres diesem Wunsche mich fügen. (Univ.-Archiv München, Sign. B II 488, Nr. 229 pr.21.6.76)

Der König belohnte die „patriotische Gesinnung" mit einer Erhöhung des Gehaltes, einem hohen Orden, der mit der Erhebung in den Adelsstand verbunden war, und vor allem mit der endgültigen Enthebung von der Verpflichtung, deutsches Privatrecht und Staatsrecht zu unterrichten. Von da an konnte sich Maurer völlig auf die nordischen Rechte konzentrieren und weiterhin auch über literarische Themen forschen.

Überblickt man seine zahlreichen Aufsätze und Rezensionen, findet man eine Fülle von Arbeiten zu den verschiedensten isländischen Themen, über Volkserzählungen und Lieder sowie über den Aberglauben und vieles mehr. Literaturwissenschaftliche Themen spielen dabei eine wichtige Rolle, wie beispielsweise die große Abhandlung *Ueber die Ausdrücke altnordische, altnorwegische und isländische Sprache* (1867), die nicht weniger darstellt als einen konzisen Abriss der altisländischen Literatur überhaupt; zudem gibt es Aufsätze zur Handelsgeschichte wie „Kaflar úr verzlunarsögu Íslands" (1862) und „Islands und Norwegens Verkehr mit dem Süden vom elften bis zum dreizehnten Jahrhundert" (1870). Vor allem aber schrieb er eine große Zahl von Aufsätzen zur isländischen (und norwegischen) Rechtsgeschichte der älteren und neueren Zeit. Mehrmals äußerte er sich auch später noch zum Verfassungsstreit, und 1874, aus Anlass des Jubiläums der ersten Besiedlung Islands, schuf er eine der ersten zusammenfassenden Darstellungen der Geschichte Islands bis zum Ende der Freistaatzeit. Viele dieser Arbeiten haben auch heute noch, mehr als hundert Jahre später, Wert behalten, denn sie sind auf gründlichem Quellenstudium aufgebaut.

Ungeachtet der Zunahme unbestimmter physischer sowie psychischer Beschwerden setzte Maurer seine Arbeit fort; im Alter beschäftigte er sich neben rechtsgeschichtlichen Problemen verstärkt mit der nordischen und insbesondere der isländischen Volkskunde. Im Jahre 1891 war die *Zeitschrift des Vereins für Volkskunde* gegründet worden und in den ersten Jahrgängen veröffentlichte Maurer hier mehrere Aufsätze zur nordischen und insbesondere zur isländischen Volkskunde, etwa „Zur Volkskunde Islands" (1891 und 1895), *Zum Aberglauben auf Island* (1893), „Die Hölle auf Island" (1894 und 1898), „Das Elbenkreuz" (1898), aber auch „Das Schneeschuhlaufen in Norwegen" (1892). In zunehmenden Maß findet man in dieser Zeitschrift auch Beiträge von isländischen oder deutschen Autoren über isländische Themen und man kann wohl annehmen, dass Maurer wesentlich dazu beigetragen hat, das Interesse für die isländische Volkskunde in Deutschland zu wecken.

Auf der anderen Seite gibt es auch eine der Öffentlichkeit eher weniger bekannte Seite seiner Tätigkeit, die im Briefwechsel mit

Jón Sigurðsson oder Guðbrandur Vigfússon zeigt, wie Maurer unmittelbar an allen Problemen Islands in den folgenden Jahrzehnten Anteil nahm.

Maurer hatte eine große Familie. Seine Frau Valerie, die Tochter eines Württembergischen Offiziers, brachte zwischen 1859 und 1869 acht Kinder zur Welt, wobei zwei davon kurz nach der Geburt starben. In den gleichen Jahren zog er mit seiner Familie immer wieder in neue Wohnungen; zwischen 1859 und 1869 kennen wir sechs verschiedene Adressen der Familie in München. In der Wohnung im ersten Stock des Hauses Schellingstraße 23, die er im April 1869 bezog, blieb er dann bis zu seinem Tod. Das gastfreundliche Haus stand v. a. Isländern und Skandinaviern offen: Guðbrandur Vigfússon gehörte zu den häufigen Gästen, Björn Magnússon Ólsen besuchte ihn sowie Björnstjerne Björnson. Der norwegische Rechtshistoriker Ebbe Hertzberg, der Maurer als dessen vertrauter Schüler in München gut kennengelernt hatte, berichtete von einer Eigenheit Maurers, die ihm immer ein Rätsel geblieben sei: Wenn es einen Punkt gab, bei dem Maurer historische Objektivität vermissen ließ, so war es in seinem Urteil über die Verdienste des Christentums; Maurer sei beinahe geneigt gewesen, sie ganz zu leugnen.

Die zumeist von Maurers Schülern geschriebenen Nachrufe zeichnen häufig ein Bild des akademischen Lehrers, lassen aber teilweise auch den Menschen Maurer sichtbar werden. Nachdem er sich auf die nordischen Rechte beschränken konnte, hatte er in der Regel nur ganz wenig Hörer, manchmal waren es vier bis acht, manchmal nur drei, zuweilen auch nur einer. Aber das war eigentlich in seinem Sinne. Maurer halte nicht Vorlesungen für Studenten, sondern für Professoren, hieß es. Tatsächlich kamen viele an den nordischen Rechten Interessierte aus ganz Deutschland und vor allem auch aus Skandinavien. Es wird berichtet, dass er seine Vorlesungen in der Regel ohne Manuskript, aber in geschliffenem Deutsch und völliger Klarheit gehalten habe. Trotzdem hat er seine Vorlesungen, von denen noch mehrere Manuskripte existieren, sorgfältig schriftlich ausgearbeitet. Aufgrund dieser Aufzeichnungen war es möglich, dass auf Betreiben norwegischer Rechtshistoriker nach seinem Tode seine Vorlesungen gesammelt unter dem Titel *Vorlesungen über altnordische Rechtsgeschichte* in fünf Bänden herausgegeben werden konnten, die bis heute wohl umfassendste Darstellung der altnordischen Rechtsverhältnisse.

In den allerletzten Jahren seines Lebens war er jedoch kaum noch zur Arbeit fähig, berichtet Ebbe Hertzberg in seinem Nachruf; Maurer habe lange seinen Tod herbeigesehnt. Am 16. September 1902 verstarb Konrad Maurer; sein Leichnam wurde auf dem Alten Südlichen Friedhof in München beigesetzt.

1.2 Maurers Reisebeschreibung innerhalb der Tradition der Island-Berichte

Der chronologisch geordneten Darstellung der Inhalte der Reisebeschreibung (s. u. 2. Kommentar) wird hier ein Exkurs über die lange Tradition der Berichte über Island vorangestellt, mit der Maurer mit seinem Text eindeutig zu brechen beabsichtigte.

Die erste Kunde, die das nordatlantische Gebiet betrifft, stammt bereits aus der Antike. Da Island am weitesten vom europäischen Kontinent liegt und sich in der Frühneuzeit abseits frequentierter Reiserouten befand, bot es sich am besten dafür, eine Projektionsfläche zu liefern, die zu bestimmten Zwecken funktionalisiert werden konnte. Das führte dazu, dass die frühen Berichte oft keine direkten Erfahrungen widerspiegelten, sondern eher phantastische Vorstellungen wiedergaben. Rasch kristallisierte sich ein bestimmtes Islandbild heraus, das über mehrere Jahrhunderte nicht mehr hinterfragt und unverändert weitertradiert wurde. Der Norden und insbesondere Island – als ‚Ultima Thule' – mutierten zu einer mythischen Chiffre für das Ende der Welt, die von Anfang an mit realitätsfernen Vorstellungen und Bildern gefüllt wurde; die Region wurde als komplementär zum Süden und zur Zivilisation aufgefasst. Am Beispiel Islands wurde also eine Projektionsfläche für die Darstellung des Fremden geschaffen. Bis zur Mitte des 18. Jh.s herrschte die Vorstellung, die Insel stelle einen *alter mundus* dar, sei sei die Hölle auf Erden und als solche menschenfeindlich. Es wundert nicht, dass die Reiseberichte der ausländischen Reisenden oft auf die *mirabilia* hinweisen, die von der geographischen und geologischen Beschaffenheit Islands weit entfernt waren.[1]

Der erste, der über eine merkwürdige Insel im Norden schrieb, war der Grieche Pytheas von Massilia, der angeblich um 320 v. Chr. eine Seefahrt im Atlantischen Ozean durchgeführt haben soll. Pytheas berichtet u. a. von einer nordatlantischen Insel, die sechs Seetagefahrten nördlich von Britannien liege und von Eis umringt sei. Viele seiner Zeitgenossen und Nachfolger haben daran gezweifelt, dass Pytheas diese Reise tatsächlich durchgeführt habe. Doch war der griechische Astronom und Geograph Eratosthenes (276–194 v. Chr.) anhand der Beschreibungen und Messungen seines Vorgängers in der Lage, die Insel Thule auf einer Weltkarte mit Breitengrad- und Längengrad-Linien entlang des 66° Breitengrades zu zeichnen, was in etwa der geographischen Lage Islands entspricht.

Für die Behandlung von kosmographischen Begebenheiten bediente sich Plinius d. Ä. (um 24–79 n. Chr.) in seiner *Naturalis historia* (77 n. Chr.) der Informationen des Pytheas über die Insel Thule und erklärte die dort herrschenden Lichtverhältnisse in

---

[1] Zur anfänglichen Konzeption der Islandbilder und v. a. zu dem Toposwandel, der sich erst im 18. Jh. langsam vollzog siehe die umfassende Abhandlung von Willardt 2000.

Relation zu den Jahreszeiten. Im Laufe der Zeit übertrugen mehrere Autoren, u. a. Isidor von Sevilla und Beda Venerabilis, diese Informationen auf Island, das von da an mit Thule gleichgestellt wurde.

> [...] id quod cogit ratio credi, solstiti diebus accedente sole propius verticem mundi angusto lucis ambitu subiecta terrae continuos dies habere senis mensibus, noctesque e diverso ad brumam remoto. quod fieri in insula Thyle Pytheas Massiliensis scribit, sex dierum navigatione in septentrionem a Britannia distante. (*Naturalis historia II*, Kap. 77, S. 152, 154)

> [...] was zu glauben schon die Vernunft zwingt, daß nämlich in den Tagen der Sommerwende, wo die Sonne sich dem Weltpole nähert und ihr Licht einen engeren Kreis beschreibt, die darunter liegenden Teile der Erde sechs Monate hindurch Tag, dagegen wenn sich die Sonne bis zur Winterwende entfernt hat, ebenso lange Nacht haben. Das gleiche soll, wie Pytheas aus Massilia berichtet, auf der Insel Thule der Fall sein, die sechs Schiffstagereisen nördlich von Britannien liegt. (*Naturalis historia II*, Kap. 77, S. 153, 155)

Im Jahr 825 unternahm der iro-schottische Mönch Dicuil in seinem Kompendium der Erdkunde (*De mensura orbis terrae*) den Versuch, die Auskünfte über Thule/Island zu berichtigen, wenngleich auch er nicht darauf verzichten konnte, sich auf die etablierten sowie wenig zuverlässigen Quellen zu berufen.

Ab dem 9. Jh. wird Island endgültig mit Ultima Thule als ‚Ende der Welt' gleichgesetzt, und von da an findet es Eingang in viele Karten als die Insel mit den meisten Mythen und Legenden.[2] Trotz Dicuils Bemühungen bestätigten sich manche Unwahrheiten, wie beispielsweise das ewige Eis und die Abwechslung von sechs

---

[2] Zu den Anfängen der Kartographie Islands im Mittelalter gibt u. a. Halldór Hermannsson (1931) ausführliche Auskunft. Zu diesem Thema ist ebenfalls erwähnenswert das Werk von Ehrensvärd 2006, das zahlreiche historische Island-Karten in Farbe präsentiert.

Monaten ununterbrochener Dunkelheit und weiteren sechs Monaten anhaltenden Lichts.

Die Kraft der Bilder war offensichtlich so gewaltig, dass die Gleichstellung von Thule und Island nicht einmal von den Isländern – die es besser hätten wissen sollen – in Frage gestellt wurde: Zu Beginn der *Landnámabók* (1. Kap.) wird folgendes berichtet:

> Í aldarsfarsbók þeiri, er Beda prestr heilagr gerði, er getit eylands þess, er Thile heitir ok á bókum er sagt, at liggi sex dœgra sigling í norðr frá Bretlandi; þar sagði hann eigi koma dag á vetr ok eigi nótt á sumar, þá er dagr er sem lengstr. Til þess ætla vitrir menn þat haft, at Ísland sé Thile kallat, at þar er víða á landinu, er sól skínn um nætr, þá er dagr er sem lengstr, en þat er víða um daga er sól sér eigi, þá er nótt er sem lengst. (*Landnámabók*, S. 31)

> In dem Buch vom Lauf der Zeit,[3] das der heilige Priester Beda verfasste, ist von der Insel die Rede, die Thile heißt, und Bücher besagen, sie liege eine Segelfahrt von sechs Tagen nördlich von Britannien entfernt. Dort, sagte er, wird es im Winter nicht Tag und nicht Nacht im Sommer, wenn der Tag am längsten ist. Deshalb meinen gelehrte Männer, dass mit Thile Island gemeint sei, weil in einem großen Teil des Landes nachts die Sonne scheint, wenn der Tag am längsten ist, und man an vielen Tagen die Sonne nicht sieht, wenn die Nacht am längsten ist.[4]

Am Ende des 11. Jh.s behandelte schließlich Adam von Bremen im 4. Buch seiner Kirchengeschichte die Inseln des Nordens, weil sie nach der Christianisierung Skandinaviens dem Erzbistum Hamburg-Bremen unterstellt waren. Im Kap. 36 (4. Buch) der *Gesta Hammaburgensis* ist von Thule (= Island) die Rede. Seine Beschreibung setzt sich aus vielen Zitaten von antiken Autoren zusammen, die teilweise als Quellen explizit genannt und teilweise unerwähnt

---

[3] Gemeint ist die mittelalterliche Disziplin des Komputus.
[4] Übersetzung von Böldl 2011, S. 231.

bleiben (wie beispielsweise Orosius oder Bedas *De computo* Kap. 29).

Insula Thyle, quae per infinitum a ceteris secreta longe in medio sita est occeano, vix' inquiunt, 'nota habetur'. De qua tam a Romanis scriptoribus quam a barbaris multa referuntur digna predicari. 'Ultima', inquiunt, 'omnium Thyle, in qua aestivo solsticio, sole cancri signum transeunte, nox nulla, brumali solsticio perinde nullus dies; hoch quidam senis mensibus fieri arbitrantur'. [...] Quod fieri in insula Thyle Pytheas Massiliensis scribit VI dierum navigatione in septentrionem a Britannia distante'. Haec itaque Thyle nunc Island appellatur, a glacie, quae oceanum astringit. De qua etiam hoch memorabile ferunt, quod aedem glacies ita nigra et arida videatur propter antiquitatem, ut incense ardeat. Est autem insula permaxima, ita ut populous infra multos contineat, qui solo pecorum fetu vivunt eorumque vellere teguntur; nullae ibi fruges, minima lignorum copia. Propterea in subterraneis habitant speluncis, communi tecto [et victu] et strato gaudentes cum peroribus suis. [...] Nam et montes [suos] habent pro oppidis et fonts pro deliciis. Beata, inquam, gens, cuius paupertati nemo invidet, et in hoc beatissima, quod nunc omnes induerunt christianitatem. Mutla insignia in moribus eorum, precipua karitas, ex qua precedit, ut inter illos omnia communia sint tam advenis quam indigenis. Episcopum suum habent pro rege; ad illius nutum respicit omnis populous; quidquid ex Deo, ex scripturis, ex consuetudine aliarum gentium ille constituit, hoch pro lege habent.[5]

Die Insel Thyle, welche durch das unbegrenzte Meer von den übrigen getrennt, fernhin inmitten des Oceans liegt, wird, wie man sagt, für kaum bekannt gehalten. Über sie wird sowohl von den römischen Schriftstellern, als von den Barbaren viel Bemerkenswertes erzählt. „Die fernste aller Inseln ist, sagen sie, Thyle, wo es um die Sommersonnenwende, wenn die Sonne das Zeichen des Krebses überschreitet, gar nicht Nacht, und um die

---

[5] Nach der Ausgabe von Schmeidler 1917, S. 271–273 zitiert.

Wintersonnenwende durchaus nicht Tag wird. Dies, meinen sie, geschieht alle sechs Monate". [...] Daß dieses auf der Insel Thyle, welche um sechs Seetagereisen von Britannien entfernt liege, geschehe, berichtet Pytheas von Massilien. Dies Thyle nun heißt jetzt Island, von dem Eise, welches den Ocean fesselt. Von dieser Insel wird auch die Merkwürdigkeit erzählt, daß eben jenes Eis so schwarz und trocken vor Alter zu sein scheint, daß es brennt, wenn man es anzündet. Die Insel ist aber ausnehmend groß, so daß sie viele Völker enthält, welche allein von der Viehzucht leben und sich mit deren Fließen bedecken. Dort gibt es keine Feldfrüchte, und nur sehr geringen Vorrath an Holz. Darum wohnen sie in unterirdischen Höhlen, indem sie mit ihrem Viehe Obdach und Streu theilen. [...] Denn sie betrachten auch ihre Berge wie ihre Städte und ihre Quellen als Gegenstände des Vergnügens. Glücklich in Wahrheit ist dies Volk, dessen Armuth von niemandem beneidet wird, und darum am glücklichsten, weil jetzt alle dort das Christenthum angenommen haben. Viel Ausgezeichnetes ist in ihren Sitten, ein besonderer Grad von Liebe; woher es kommt, daß sie alles mit einander gemein haben, so mit Fremden, wie mit Einheimischen. Ihren Bischof halten sie wie einen König; seinem Winke gehorcht das ganze Volk; was er nach Gottes Willen, nach der heiligen Schrift, nach dem Brauche anderer Völker festsetzt, das halten sie für Gesetz.[6]

Mit der Zeit etablierte sich also ein Bild von Island als Folie für das Unbekannte, das in der Regel als negativ konnotiert wurde und als Gegenpol vom Eigenen galt. ‚Ultima Thule' wurde dabei zum Ausdruck des Barbarischen und Bedrohlichen. Um die Kraft der Bilder zu verstärken, rekurrierte man auf biblische Zitate, die man mit historischen Begebenheiten in Einklang brachte: Der Angriff der ‚Barbaren' über den Limes in der Antike und die Wikingerüberfälle im Mittelalter schienen sich perfekt zu decken und dem Zeugnis des Propheten Jeremia, der den Ursprung des Bösen im Norden lokalisiert, recht zu geben (Jeremia 1, 14: „Und der Herr

---

[6] Nach der Übersetzung von Laurent 1893, S. 233 f.

sprach zu mir: Von Mitternacht wird das Unglück ausbrechen über alle, die im Lande wohnen.").

Das Konzept der nördlichen Anderwelt, das bereits in der Antike festgelegt wurde, ließ sich jedoch schwer auf ein inzwischen christianisiertes Land anwenden, das dadurch zur zivilisierten Welt gezählt werden durfte. Eine ausschließlich negativ konnotierte Darstellung erschien inzwischen als problematisch: Das Bild des Unzivilisierten und Barbarischen konnte nicht ohne Schwierigkeiten aufrechterhalten werden. Auch in der Fremde sah sich nun Adam veranlasst, ein Teil vom Eigenen anzunehmen: Nachdem Island und der Norden ein Teil der Christenheit geworden waren, mussten die Parameter des Eigenen und Fremden neu definiert werden. In dieser Perspektive sollte sein Versuch, die vermeintlich empirischen Kenntnisse seiner Zeit mit einem durch die Tradition vorgegebenen Rahmen in Einklang zu bringen, gedeutet werden: Bezüglich Islands findet der Bischof einen Mittelweg, indem er zwar das Land als merkwürdig und suspekt einstuft, jedoch eine positive Bewertung über Bischof Ísleifr, der sich in Bremen aufhielt, sowie über die Verehrung der heimischen Bischöfe von Seiten der Bevölkerung, liefert. Mit Adam wird der Grundstein für die ambivalente Wahrnehmung und Darstellung Islands und deren Einwohner gelegt: einerseits wundersame sowie lebensfeindliche Natur, andererseits primitive Lebensweise der Bevölkerung, die jedoch an Bildung gekoppelt war.

Auch Saxo Grammaticus (1150–1220) zeigt im 12. Jh. eine ähnlich ambivalente Haltung: Auf der einen Seite steht er in der Tradition der lateinischen Autoren und betrachtet die Insel als unbewohnbar, auf der anderen lobt er die Isländer, die die Armut durch Scharfsinn kompensieren. Im Vorwort zu den *Gesta Danorum* (§4) kommt er zunächst auf diese zu sprechen, denen er Intelligenz und Gelehrsamkeit zuspricht und die er als bedeutende Quelle für sich selbst als Historiker proklamiert.

Nec Tylensium industria silentio oblitteranda: qui cum ob
nativam soli sterilitatem luxuriæ nutrimentis carentes offi-
cia continuæ sobrietatis exerceant omniaque vitæ momen-
ta ad excolendam alienorum operum notitiam conferre
soelant, inopiam ingenio pensant. Cunctarum quippe na-
tionum res gestas cognosse memoriæque mandare volupta-
tis loco reputant, non minoris gloriæ iudicantes alienas vi-
turtes disserere quam proprias exhibire. Quorum thesau-
rus historicarum rerum pignoribus refertos curiosius con-
sulens, haud parvam præsentis operis partem ex eorum re-
lationis imitatione contexui, nec arbitros habere con-
tempsi, quos tanta vetustatis peritia callere cognovi. (Saxo
Grammaticus, S. 5)

Auch die Thätigkeit der Isländer darf nicht von mir verschwie-
gen werden. Da sie wegen der natürlichen Unfruchtbarkeit ihres
Landes die Mittel zu einem üppigen Leben entbehren, ein nüch-
ternes Leben unausgesetzt führen und alle ihre Lebenszeit auf
die Pflege der Kenntnis fremder Thaten verwenden, so wägen
sie ihre Armut mit ihrer geistigen Tüchtigkeit auf: aller Völker
Geschichte zu kennen und weiter zu geben, das ist ihnen Le-
bensgenuss; sie erachten es als eben so ruhmreich, fremde Hel-
denthaten zu schildern, wie ihre eigenen darzustellen. Ihre mit
geschichtlichen Zeugnissen angefüllten Schatzkammern habe ich
eifrig zu Rate gezogen und einen nicht geringen Teil des vorlie-
genden Werkes auf der Wiedergabe ihres Berichtes aufgebaut
und habe nicht verschmäht, bei denen mir Rat zu holen, die ich
eine so eingehende Kenntnis des Altertums besitzen sah.[7]

Doch lässt sich auch Saxo nicht nehmen, im selben Vorwort über
zahlreiche merkwürdige Naturerscheinungen, wie Eismassen, heiße
Quellen, spuckende Berge und vieles mehr zu berichten.[8]

---

[7] Zitiert nach der Übersetzung von Hermann 1901, S. 4 f.
[8] In der Tatsache, dass das Lob der Isländer und die physikalischen Angaben zum
Land nicht zusammenstehen, möchte Herrmann (1922, S. 47) einen Beweis dafür
sehen, dass das Werk „nicht die letzte Durchsicht erfahren hat". Man könnte sich
jedoch fragen, ob der Autor die widersprüchlichen Aussagen nicht lieber getrennt
halten wollte, um die Dichotomie nicht noch stärker hervorzuheben. Zur Be-

Nicht nur reine Schriftquellen liefern solche Vorstellungen, sondern auch die Kartographie, welche die verbale Kommunikation um die visuelle Komponente erweitert, festigte weiterhin diese Tradition.

Die älteste bewahrte Karte des Nordens wird ins Jahr 1427 datiert und ist dem dänischen Geographen Claudius Clavus (auch Claus Claussøn Svart) zuzuschreiben.[9] Seine Karte bedient sich aller Vorstellungen und Weltbilder der nördlichen Halbkugel, die seit der Zeit Plinius' d. Ä. (*Naturalis Historiae*) im Umlauf waren und basiert keinesfalls auf eigener Beobachtung. Anhand von Namen gewisser Berge auf der skandinavischen Halbinsel erweist sich der Zusammenhang dieser Karte mit dem Werk des Plinius als eindeutig. Was Island angeht, ist die dargestellte Form weit entfernt von der eigentlichen Topographie der Insel. Mehr als der Name des Landes wird auch nicht mitgeteilt. Die Karte wurde zu einem Anhang der *Geographia* des Ptolemäus und ist heute als Handschrift in Nancy aufbewahrt.

Die erste gedruckte Karte des Nordens stammt vom deutschen Kartographen Nicolaus Germanus (1420–1490) und orientiert sich stark an derjenigen des Claudius Clavus. Auf der Grundlage dieser Vorlage fertigte Nicolaus Germanus zwei Karten an: Die erste, die auch A-Typ bezeichnet wird, steht der Version des Clavius näher, erschien aber nie im Druck; hierbei ist Grönland am oberen linken Rand platziert. Eine zweite Fassung (sog. B-Typ, ab 1468) lokalisierte hingegen Grönland als eine Halbinsel, namens „Engronelandt" oberhalb Norwegens. Diese zweite Version stellt die erste gedruckte Karte des Nordens dar und dank der Verbreitung, die sie durch den Druck erfuhr, wurde sie in der Frühneuzeit zur gängigsten Karte Nordeuropas. Zu den Karten

---

schreibung Islands und der Wunderdinge, die Saxo – der Tradition folgend – darstellt, siehe Herrmann (1922, S. 48–53).
[9] Siehe dazu Björno und Petersen 1909.

lieferten die Kartographen in der Regel Begleittexte, die den
Nutzer über die dargestellten Länder informierten. Diese wurden
mit der Zeit immer ausführlicher und detailreicher; allmählich
lösten sie sich auch von der Vorlage des Clavus, wobei in vielen
Fällen die ursprünglichen Ortsnamen beibehalten wurden, wie
unwahrscheinlich und wenig realistisch sie auch sein mögen
(manche Lokalitäten auf Island wurden nach Runennamen
benannt, in Schweden und Dänemark wurden dafür Zahlen
verwendet, für Gotland wurde eine Reimerei überliefert und eine
kurze Strophe für Grönland).

Im Laufe des 16. Jh.s versuchten deutsche Geographen sich eine
gründlichere Kenntnis der topographischen Verhältnisse des hohen
Nordens anzueignen. Das Ergebnis dieser Bemühungen lehnte sich
zwar an die B-Karten des Clavus an, betrachtete diese jedoch mit
kritischer Distanz. Dies geschieht insbesondere durch die Werke
der süddeutschen Geographen Johann Schöner und Franz Friedlieb.
Allerdings bleibt die negative Charakterisierung Islands eine Konstante sowohl in den Karten als auch in den Begleittexten.

Auf einer dritten Karte, die im Jahr 1532 vom bayrischen
Geographen und Theologen Jakob Ziegler (1470–1549) als Teil
eines Werks über Palästina mit dem Titel *Schondia* veröffentlicht
wurde, weist Island weiterhin eine längliche Form auf. Aufgrund
der Verbindung zwischen Grönland und Lappland kann der A-Typ
von Clavus als Vorbild dieser Karte identifiziert werden. Vermutlich in Rom, wo er sich in den Jahren 1521–1525 aufhielt, bekam er
den Auftrag, u. a. die nordische Welt zu beschreiben, was er durch
die Karte und einen begleitenden Text tat. Obwohl Zieglers Karte
stark geometrische Formen aufweist, die sehr von den tatsächlichen
Konturen der skandinavischen Halbinsel abweichen, ist dies das
erste Mal, dass letztere korrekt in ihrer Länge wiedergegeben wird.
Was Island angeht, stellt man fest, dass zusätzlich zum Namen des
Landes drei weitere Ortsnamen überliefert werden, nämlich

„Holen" im Norden, „Hekelfol Promont" in der Mitte und schließlich „Skalholten" im Süden. „Hekelfol" steht wohl für den Vulkan Hekla, der wiederholte Male auf Island mit verheerender Wirkung ausbrach und große Zerstörung herbeiführte. Dieser Berg spielt eine zentrale Rolle in der Bildung der *imaginatio* Islands: Auf der Karte steht er exemplarisch für das Schreckliche. Dadurch, dass im Mittelalter keine richtige Trennung zwischen irdischer und himmlischer Welt existierte und Jerusalem ins Zentrum der Welt platziert wurde, sollte die Hölle dieser Auffassung entsprechend am Rande der Welt liegen (d. h. bei Ultima Thule). Die beiden anderen Einträge sind origineller und eindeutig positiver konnotiert: Sie stehen nämlich für die beiden Bischofssitze des Landes, Skálholt im Süden und Hólar im Norden, die jeweils 1056 und 1106 gegründet wurden. Während Hekla einen negativen Pol repräsentiert, der das Land von der gezähmten Kulturlandschaft Europas trennt, dienen die Bischofssitze dazu, eine Verbindung mit der christlichen, zivilisierten Gesellschaft Europas herzustellen. Es genügen also drei Ortsnamen, mit all ihren Implikationen, um die zwiespältige Haltung des Kartographen zum Ausdruck zu bringen.

Ausschlaggebend für die Verfestigung des Islandbildes war die 1539 veröffentlichte *Carta marina* des Olaus Magnus und die dazu gehörende Legende.[10] Dabei handelt es sich um die erste Islandkarte, die korrekte Ortsnamen aufweist und auch sonst genauer ist als frühere Karten. Olaus lieferte dazu einen kurzen Kommentar, der in zweifacher Ausführung sowohl auf Deutsch (*Ain kurze Auslegung*) als auch auf Italienisch (*Opera breve*) verfasst wurde. Beide sind heute fast ebenso wertvolle Raritäten wie die Karte selbst, denn von beiden Versionen sind nicht mehr als drei Exemplare erhalten. Die beiden Texte sind ähnlich, doch nicht gleich: Die italienische Fassung hebt das Wunderbare und Außergewöhnliche der beschriebenen Orte noch stärker hervor als

---

[10] Dazu siehe u. a. Ehrensvärd 2006, S. 76 ff.

die deutsche. Andererseits geht letztere oft genauer auf gewisse Details ein, die von militärischem Interesse waren. Im Wesentlichen fokusieren Karte und Legende auf die Visualisierung der bedrohlichen Natur – durch die Vulkane versinnbildlicht – sowie der Rückständigkeit der Bevölkerung durch die Höhlen, in denen sie angeblich hauste. Auch im Meer rundherum lauert überall Gefahr in Form von übermäßig großen Walen, Seeungeheuern und Eisbergen. Nach Olaus' Auffassung war Island ein bergiges Land, dessen Küsten acht Monate im Jahr vereist sind, wo es brennende Seen gibt und der Wind immer stark weht. Er greift zudem den Topos der Abwechslung von Tag und Nacht im halbjährlichen Rhythmus erneut auf. Der Begleittext identifiziert den Vulkan Hekla als Ort des Fegefeuers.

Zum Schluss sei auf eine letzte Karte hingewiesen, die um einiges detailreicher ist als die *Carta marina*. Sie gehörte zu einem Atlas des Abraham Ortelius mit dem Titel *Theatrum orbis terrarum*, der in der ersten Auflage von 1590 53 Karten enthielt. Mit der Zeit ergänzte Ortelius sein Werk, das in der Ausgabe von 1612 die dreifache Anzahl an Karten, nämlich 164, aufweist. Darunter war auch die Karte *Islandia*, bei deren Herstellung Bischof Guðbrandur Þorláksson (1541–1627) mitwirkte. Der Isländer war bestrebt, das Bild von Island nach außen zu verbessern und Missverständnisse zu beseitigen. Die Karte ist zwar genauer und zuverlässiger als die *Carta marina*, doch ähnelt sie dieser stark in der Legende. Trotz isländischer Beteiligung wird auch hier das Islandbild nicht grundsätzlich verändert, sondern eher bestätigt: Das Meer um die Insel ist auch hier von Seeungeheuern bewohnt, Treibeis schwimmt darin und erneut überragt im Lande der Vulkan Hekla alles andere.

Es kann also festgehalten werden, dass die verschiedenen Medien dasselbe Islandbild propagierten, das so gut wie unverändert noch einige Jahrhunderte unangetastet blieb. Reisebeschreibungen aus dem 18. Jh., angeblich auf tatsächlich unternommenen Reiseerfahrungen gründend, zeigen deutlich, dass die Topoi immer noch mehr Kraft als die er- und befahrene Realität besaßen. Feuerspeiende Berge und brennende Gewässer bleiben dabei die Hauptmotive.

Erst am Ende des 18. und im Laufe des 19. Jh.s entstanden als Reaktion auf die phantastischen, unwahrhaften Beschreibungen Schriften von Isländern bzw. von Dänen, die versuchten, das Bild zurechtzurücken. Teilweise waren es isländische Gelehrte, wie Arngrímur Jónsson lærði (1568–1648);[11] durch den polemischen Ton ihrer Werke verfehlten sie allerdings ihr Ziel. Manchmal waren es ‚Exilisländer', die von der dänischen Krone beauftragt wurden, Berichte über ihr Land zu verfassen. Dänemark verstand, dass der nordatlantische Vassallenstaat in mancherlei Hinsicht zum eigenen Vorteil genutzt werden konnte: auf der einen Seite direkt als wirtschaftliche Quelle durch Waren wie Schwefel, Fisch und Schafswolle und auf der anderen indirekt durch dessen Altertümer, die gerne im Wettbewerb gegen Schweden geltend gemacht wurden. Der auf Dänisch verfasste Reisebericht (*Reise igjennem Island*, 1772)[12] der isländischen Studenten der Naturwissenschaften Eggert Ólafsson und Bjarni Pálsson bzw. die ebenfalls auf Dänisch geschriebene Schrift vom dänischen Juristen und Gelehrten Niels Horrebow[13] (*Tilforladelige efterretninger om Island*, 1752) trugen dazu

---

[11] Im Auftrag des Bischofs von Hólar Guðbrandur Þorláksson verfasste Arngrímur zwei Werke über Island: Das erste, *Brevis commentarius de Islandia* (1593), zielte darauf ab, all die falschen Informationen über Island, die im Umlauf waren, zu berichtigen; letzteres, *Crymogæa* (1609), war die erste umfassende historisch-topographische Beschreibung der Insel, ebenfalls für ein ausländisches Publikum gedacht.
[12] Zu dem Werk siehe Schaer 2007.
[13] Die Schrift, die den vollständigen Titel *Tilforladelige Efterretninger om Island med et nyt Landkort og 2 Aars meteorologiske Observationer* trägt, wurde als Reaktion auf ein Werk des Bürgermeisters von Hamburg Johan Anderson verfasst, das postum 1747 erschienen war. Horrebow behandelt darin jedes vom Bürgermeister angegebene Phänomen, das sich angeblich auf reellen Beobachtungen gründete, wider-

bei, fundierte Kunde über Island zu verbreiten und die konsolidierten sowie meist falschen und übertriebenen Vorstellungen zu berichtigen. Diese Schriften sollten die über Jahrhunderte etablierten Islandtopoi der Lebensfeindlichkeit des Landes und der Unzivilisiertheit seiner Einwohner ein für alle Mal entkräften und ein neues Islandbild entwerfen. Die Akademie der Wissenschaften von Kopenhagen entsandte die zwei Studenten, die das Land in den Jahren 1750–1757 bereisten. In dieser Zeit fertigten sie einen umfassenden Bericht an, der einer Inventarisierung entsprach. Dabei verfolgten sie ein Doppelziel: Auf der einen Seite wurde das Land in seiner Beschaffenheit systematisch untersucht; auf der anderen wollten sie falsche Vorstellungen demystifizieren. Ihr Bericht stellt eine Zäsur innerhalb der Tradition der Island-Berichte dar und zeigt zugleich einen ausgeprägt wissenschaftlichen Charakter.

Gerade kurze Zeit zuvor gab im Jahr 1746 der Bürgermeister von Hamburg, Johann Anderson, sein Werk *Nachrichten von Island, Grönland und der Straße Davis zum wahren Nutzen der Wissenschaften und der Handlung* heraus, welches das bekannte, verzerrte Bild Islands perpetuierte. Anderson war nicht selbst auf der Insel gewesen und bediente sich Nachrichten Dritter. Das Merkwürdige und die Sensation wurden in seinem Text hervorgehoben, während dem Wirklichkeitsbezug wenig Bedeutung beigemessen wurde. Andersons Bericht setzt mit der Beschreibung der physischen Beschaffenheit des Landes ein, die gleich zu Beginn in Relation zu Gott und seiner Bestrafung menschlichen Vergehens gesetzt wird:

> [Die Insel Island] ist eine von den großen Nördlichen Bruchstücken der Welt, so ehemals, und vielleicht zu der Zeit, als der Allmächtige die Erde wegen der übermachten Sünde des menschlichen Geschlechts verderbete, durch ei-

---

spricht ihm in jedem Punkt, zeigt die Unrichtigkeit an und berichtigt die Lage durch Angaben der korrekten Verhältnisse.

ne übernatürliche Gewaltsamkeit entstanden [...]. (Anderson, S. 1)

Verwüstungen, Gewalt und Schrecken, deren Ursprung nach Andersons Ansicht im menschlichen Fehlverhalten liegt, stehen im Text an prominenter Stelle:

> Noch mehr aber ist daran, daß diese Insel so wenig bewohnt wird, Schuld und Ursache, daß sie vermöge ihrer inwendigen Bewandniß von Zeit zu Zeit großen und erschrecklichen Verwüstungen unterworfen gewesen und noch ist [...] (Anderson, S. 4)

Verglichen mit einem solchen Text positioniert sich nun Maurers Bericht innerhalb dieser langen Tradition an die Seite der Innovatoren, die bemüht waren, ein neues Bild zu vermitteln. Durch seine Reisebeschreibung schließt er sich der neuen Tendenz an und schlägt sich programmatisch auf die Seite der Isländer:

> Ich erwähne dieses Vorkommnisses, weil es mancherlei schiefe Urteile erklärt, welche sich hin und wieder in Reisewerken über Island finden. Wenn der Reisende aus eigenem Unverstande oder eigener Unwissenheit mit Führern oder Hofbesitzern nicht gehörig verkehren kann, läßt er oft genug Land und Leute in ganz ungerechtfertigter Weise dies entgelten; [...] (3/3, S. 69)

Die Fremdheitsforschung lehrt uns, dass es schwierig ist, eine allgemeingültige Definition für das Fremde zu formulieren. Der Begriff ist nämlich, für sich genommen, nicht definierbar, denn das Fremde kann nur relational gedacht werden. ‚Fremd' ist nämlich keine Eigenschaft an sich, sondern vielmehr Ausdruck einer Beziehung zum Eigenen.[14] Die Grenze ist allerdings ein variabler Referenzpunkt, und Maurer waren die isländische Kultur, ihre Sprache und Sitten viel weniger fremd als jemandem, der sich ohne

---

[14] Zur Begrifflickeit siehe u. a. Scior 2002.

Vorkenntnisse und ohne eingehende Vorbereitung, wie z. B. Ida Pfeiffer,[15] dahin begab. Dank seinem politischen Engagement für den isländischen Unabhängigkeitskampf eilte Maurer sein Ruf voraus und er war namentlich bekannt und geschätzt. Ein wichtiger Faktor, der ihn von allen, auch von seinem Reisegenossen Winkler unterscheidet, ist die Tatsache, dass er der Landessprache mächtig war und dadurch der Bevölkerung viel näher als gewöhnliche Reisende kam: Überall wird die Reisegruppe freundlich aufgenommen und es wird ihr angeboten, Quartier zu nehmen; ohne Empfehlungsbriefe vorzeigen zu brauchen, darf er Einsicht in vertrauliche Dokumente und Unterlagen nehmen; zudem werden Maurer wertvolle Handschriften geschenkt. Statt Argwohn und Kritik zelebriert der Text die Vertrautheit mit dem Objekt der Betrachtung. Der Reisebericht Maurers wird deshalb zum Ort der Begegnung, ja quasi der Verschmelzung, von Fremdem und Eigenem.

Die mittelalterliche und teilweise frühneuzeitliche Reiseliteratur bedient sich hingegen dieser Dichotomie und verwendet sie in der Regel zur Bestätigung der Überlegenheit der eigenen Kultur – was in den meisten Fällen eine europazentrierte ist und insbesondere eine mittel- oder südeuropäische.[16] Maurers Haltung unterscheidet sich von der seiner Vorgänger, weil er in Bezug auf Island viel stärker den Aspekt des ‚Eigenen' sieht und die Kategorie des Fremden fast vollständig ausblendet. Durch den wiederholten Vergleich der Ähnlichkeiten zwischen Island und dem Heimischen – den Alpen, dem Allgäu usw. – wird dem Fremden zudem das Schreckmoment entzogen. Auf den Spuren der beiden Isländer Eggert Ólafsson und Bjarni Pálsson scheint Maurer der erste ausländische Betrachter zu sein, der selbst an der isländischen Kultur teilhat bzw. – trotz Ehrfurcht – zumindest die Grenzen

---

[15] Siehe dazu Heitmann 2011.
[16] Scior (2002, S. 13) erkennt in dem „radikalen Ethnozentrismus" und der „Unfähigkeit, Wirkliches von Unwirklichem zu unterscheiden", die prägenden Aspekte des mittelalterlichen Weltbildes.

zwischen Fremdem und Eigenem fast vollkommen aufhebt. Diesbezüglich erklärt er beispielsweise am 9. Juli, ohne Empfehlungsbriefe reisen zu wollen, denn er wüsste, wie man mit Isländern umgehe:

> Ich hatte dieses Anerbieten [= Empfehlungsbriefe anfertigen zu lassen] dankend abgelehnt, weil ich <u>meine Isländer genug zu kennen glaubte</u>, um zu wissen, daß mir dessen Annahme meine Stellung zu den Leuten mehr verderben als verbessern werde, und hatte scherzweise erklärt, ich wolle einmal versuchen, mir ohne Krücken fortzuhelfen. (20/1, S. 160; Hervorhebung der Herausgeber)

Aus tiefer Verbundenheit mit dem isländischen Volk, die v. a. den wissenschaftlichen Interessen entstammte, unternahm Mauer den Versuch, mit juristischen und historischen Argumenten dem Land zur politischen Unabhängigkeit zu verhelfen. Um sein Ziel zu erreichen, wählte er bewusst, Bilder einer lang vergangenen Zeit wachzurufen, in der das Land eine selbständige Existenz vorzuweisen hatte und sich mit den anderen skandinavischen Reichen noch messen konnte. Den Absichten des Werks entsprechend ist die Landschaft oft wenig konkret greifbar und wird vielmehr zur Symbollandschaft voller positiver Konnotationen. Aufgrund dessen meidet Maurer bewusst die Topoi der Island-Darstellung, wie Hekla und andere Vulkane, und stellt die in seinen Augen eher „liebliche" Landschaft in den Dienst der Historiographie.

Ultima Thule war in der Antike ein geistiges Konstrukt, das seine Gültigkeit und Funktion beibehielt, lange nachdem die Insel erkundet wurde und wissenschaftlich erforscht werden konnte. Es war nicht ausschließlich der Wille, einen Gegenpol zum zivilisierten Süden abzubilden, der zum hartnäckigen Beharren auf den negativen Topoi des Islandbildes beitrug. Die Reiseberichte und im Grunde auch die Karten sollten bestimmte Erwartungen erfüllen, wie die Lust am Kuriosen, am Seltsamen und Aufsehenerregenden.

Und dies war in der Ferne besser zu verorten als in der bekannten und vertrauten Umgebung. Die grundsätzliche Einstellung, lediglich das aus der Regel Fallende darzustellen und sich in seinen Beschreibungen auf schon vorhandene Berichte und Topoi zu stützen, wurde bei Maurer ein für alle Mal aufgegeben. Die Intention hinter dem Reisebericht war es, durch seine persönliche Erfahrung das Bild neu zu definieren; umso bedauerlicher ist die Tatsache, dass sein Text so lange unbekannt blieb.

1.3 Die Reise und ihre Dokumentation

Die Reise Maurers weist viele Besonderheiten auf, wodurch sich das Erlebte anders gestaltet als in konventionellen Reisebeschreibungen.

Am 27. April erreichte Maurer nach kurzen Zwischenetappen in Berlin, Kopenhagen und auf den Färöern Reykjavík, wo er sich die ersten acht Wochen (bis 20. Juni) aufhielt und die Zeit für Vorbereitungen nützte. Nach einer anfänglichen Akklimatisierungsphase begann die Reise auf der Südroute, wobei die Reisegruppe aus Zeitgründen auf eine Rundreise verzichtete und lediglich die westliche Hälfte des Landes bereiste. Die Reise wurde zu Pferd unternommen und dabei waren die Reisenden des Öfteren dem schlechten Wetter und sonstigen Strapazen aufgrund einer mangelhafte Infrastruktur ausgesetzt.

Maurer dokumentierte sie penibel auf zweierlei Weisen: Während der Reise selbst führte er ein Tagebuch, das bis heute unveröffentlicht ist. Diese aus separaten Momentaufnahmen bestehende Schrift bildet die Grundlage für den umfangreichen, zusammenhängenden Reisebericht. Im Tagebuch sowie in der Reisebeschreibung ist die Metaebene des Schreibens stets hervorgehoben: Wiederkehrend wird erwähnt und beteuert, dass sich der

Reisende Maurer zurückziehen möchte, um am Tagebuch zu arbeiten. Dadurch soll ein Eindruck der Unmittelbarkeit als Garant für Authentizität suggeriert werden. All das, was erlebt sowie be- und erfahren wurde, wurde laut Angaben des Erzählers unmittelbar – oder lediglich mit kurzer Verzögerung – aufgezeichnet. Die Reisebeschreibung selbst entstand hingegen über eine längere Zeit nach Maurers Rückkehr nach München. Dabei wurden die Tagebucheinträge ausformuliert und vervollständigt sowie mit Informationen aus fremden Werken ergänzt; zahlreiche Fußnoten mit Querverweisen wurden hinzugefügt. Allerdings wurde die Arbeit nie ganz abgeschlossen, denn die Erzählung endet unvermittelt mit der Aufzeichnung über den 10. September. Um den Verlauf der letzten Tage der Reise (bis zum 17. Oktober) zu erfahren, ist man deswegen auf das Tagebuch angewiesen.

Aus separaten Notizen, Listen von Namen und Fakten wurde durch den Akt des *re-writing* eine zusammenhängende *narratio* geschaffen, die sich durchaus, wenngleich nicht konsequent, rhetorischer Mittel bedient und somit die Spannung erhöht. In der *narratio* ist es nämlich möglich, der Zeit vorzugreifen und Ergebnisse zu antizipieren, was das Tagebuch mit seiner linearen Struktur und dem chronologischen Aufbau nicht leisten kann. Zur Veranschaulichung sei der jeweilige Eintrag vom Tagebuch und dem Reisebericht angeführt, der sich auf den Beginn des Aufenthalts in Reykjavík bezieht. Im Tagebuch liest man:

> Reykjavík, 27. April 58. Abends 6. Uhr eingelaufen. Mit Captän Arnesen, Gräfin Trampe. Konsul Schmidt, Magnus Stephensen, Ólaf Jónsson, Thomsen, gelandet. Am Landungsplatz von Schmidt mit Bäcker Börnhöved bekannt gemacht, der mich zwar nicht selber behalten kann, aber zu Frau Oddsson fährt, die mir Quartier gibt, aber erst herrichten muss. Also die erste Nacht im Skandinavisk Hotel, mit Wolley & Newton. Mit Beiden zu Abend

gegessen; Gespräch mit Wolley über Grönland Östland, dem meine Ansicht neu und interessant ist. Früh zu Bett.

Das Tagebuch kommt häufig nicht über eine reine Aufzählung hinaus: Wer die genannten Personen sind, erfährt man hier nicht. Die Reisebeschreibung liefert hingegen ausführlichere Informationen über die einzelnen Bekannten und bettet sie in einen größeren Kontext ein:

> Auch eine junge Gräfin Trampe war an Bord, eine Tochter des isländischen Stiftsamtmannes; ihre Bekanntschaft konnte ich indessen eigentlich erst in Reykjavík machen, da die arme Dame leider an der Seekrankheit fast die ganze Fahrt über zu leiden hatte. (II/3, S. 13)

Tagebuch und Reisebericht gehen von unterschiedlichen Ausgangssituationen aus: Während ersteres immer nur auf die bereits erlebte Zeit, also auf die Vergangenheit, Rückbezug nehmen kann, ermöglicht es der Reisebericht, der ja erst nach Abschluss der Reise entsteht, einen Überblick über den gesamten Zeitverlauf zu geben und somit auch nach vorne vorzugreifen. Das Spiel mit den Zeitebenen kann dementsprechend freier gestaltet werden.

1.3.1 Das facettenreiche ‚Ich'

Da Reiseliteratur in gewisser Weise wie die Autobiographie eine Gattung darstellt, die sich mehr als andere zwischen Faktizität und Fiktion bewegt, ist auch die Figur des Erzählers in einem Reisebericht kaum von der des Verfassers loszulösen.

Das Ich (Konrad Maurer als Reisender und Protagonist des Berichts) hat im Text viele Rollen inne: Es ist der Reiter, der konkret die Strapazen der Reise in Kauf nehmen muss und der die Landschaft befährt; es ist aber auch das Individuum, das die gesellschaftliche Ebene bedient und durch seine Sprachkenntnisse und sein politisches Engagement das Land ganz anders erleben kann als andere ausländische Reisende. Zudem ist es der Gelehrte und der Akademiker, der durch sein Wissen und das Heranziehen von anderen Schriftquellen die historische Ebene darlegt. Schließlich ist es der Schreibende – das *creative self* –, der die regelmäßige Führung des Tagebuchs anstrebt und ‚literarischen Bestrebungen' nachgeht, sodass die Schreibtätigkeit und der Text selbst – als *created self* – in Relation zum ersten treten und zu einem wesentlichen Bestandteil der *narratio* werden.

Die Metaebene des Schreibprozesses ist sicherlich eines der am meisten präsenten und hervorgehobenen Themen im Text: Nicht nur wird peinlich festgehalten, dass das Tagebuch geschrieben wird, sondern auch wann, nämlich früh am Morgen, wenn alle noch schlafen, oder spät in der Nacht, wenn sich alle bereits zum Schlafen zurückgezogen haben. Auch die Umstände des Schreibprozesses werden ebenso detailgetreu festgehalten: bei Kerzenlicht, mit erheblichen Schmerzen aufgrund der Kälte, und vieles mehr. Ebenfalls ausführlich wird darüber Auskunft gegeben, warum das Schreiben und Aufzeichnen verhindert wurde, wie z. B. aus Zeitmangel oder Störung durch unerwarteten Besuch. Die beinah obsessive Wiederholung des Themas scheint eine bestimmte Strategie zu verfolgen: Sie dient dazu, das dokumentarische Bestreben des *creative self* zu unterstreichen, um ihm Legitimation als Erzähler zu verleihen. Die Narration – so wird suggeriert – basiert nicht auf Phantasien, sondern auf selbst Erlebtem und zeitnah peinlich genau Niedergeschriebenem.

1.3.2 Zeit und Raum in der narratio

Obwohl i.d.R. in einem Reisebericht die Topographie genrebedingt im Vordergrund stehen sollte, spielt sie bei Maurer lediglich eine untergeordnete Rolle. Die konkrete räumliche Bewegung zur Insel hin und innerhalb derselben bietet zwar die Gelegenheit zum Erzählen, doch erfüllt der Raum insgesamt eher eine komplementäre Funktion zur zeitlichen und sozialen Dimension und gibt sich des Öfteren als Kulisse, in der sich viele ungleich tiefe Zeitschichten eingeprägt haben. Der Bachtinsche Chronotopos – gedacht als Einheit von Zeit und Raum – gerät hier aus dem Gleichgewicht. Mehr als durch die konkrete oder imaginierte Beschreibung einer Landschaft wird der Raum häufig durch Geschichte gefüllt und stellt eher einen Vorwand dar, um Geschichten und Geschichte zu referieren.

Die Reisebeschreibung zeigt eine komplexe Zeitstruktur, die sich auf vielen Ebenen entfaltet: Die erste davon ist die faktische Zeit der Reise, vom 22. Juni bis zum 10. September im Reisebericht bzw. bis zum 17. Oktober 1858 im Tagebuch, die durch das Aufstehen, Aufbrechen, Ankommen und Anhalten eingeteilt und strukturiert wird. Die reelle temporale Dimension erscheint im Bericht als ein wesentliches Anliegen des Reisenden Konrad Maurer, quasi als Obsession, und dementsprechend zahlreich sind die Angaben zu diesem Aspekt. Die Adverbien *erst* und *endlich* begleiten sie oft und bekräftigen die Dringlichkeit bzw. eine sehnsüchtige Haltung des Erzählers. Der Beginn der effektiven Reise mit der Überfahrt von Kopenhagen aus ist in dieser Hinsicht bezeichnend:

> Samstag den 17. April, nachmittags gegen 5 Uhr, gingen wir *endlich, endlich* in See, nachdem uns noch einige dänische und eine lange Reihe isländischer Freunde an Bord geleitet hatten. (Hervorhebung durch die Herausgeber)

Durch das Insistieren auf genaue Zeitangaben entsteht ein Eindruck der Hektik, ja beinah der Besessenheit. Der Zeitplan und das Einhalten dessen stellen eine stetige Sorge des Reisenden dar: Einerseits sind es immer zu lange Pausen und zu viel Leerlauf, bevor sich die Karawane in Bewegung setzt, andererseits gibt es nie ausreichend Zeit, um den „literarischen Bestrebungen" – wie er die

Führung des Tagebuchs gelegentlich bezeichnet – nachzugehen, oder zu wenig Zeit, um interessante Begegnungen zu vertiefen. In einer der zahlreichen Angelegenheiten kommen die Beteiligten verspätet und der ganze Zug muss sich deswegen verzögern: „[...] statt dessen kamen jene erst um halb 9, wir erst gegen 11 Uhr in Bewegung" (am Dienstag, 22. Juni).

Eine weitere Zeitdimension ist die Ebene der Berichtniederschrift, wobei diese mit der Zeit der Reise und des Tagebuchs vermischt wird: Die wiederholte unkorrekte Verwendung des Adverbs *gestern* – anstelle von ‚am vorigen Tag / am Tag zuvor' u. ä. – und ebenfalls von *morgen* als deiktischer Ausdruck hat für das Tagebuch durchaus seine Berechtigung, doch nicht in der zeitversetzten Erzählung der Reisebeschreibung. Dies soll vermutlich den Eindruck der Unmittelbarkeit des Akts des Festhaltens der Erinnerung vermitteln, wodurch sie legitimiert wird. Zur Veranschaulichung seien hier ein paar Sätze aufgeführt:

> Das Wetter war weniger günstig als *gestern* [...] (Freitag, 2. Juli) Ich erfuhr endlich noch, während des nach dänischem Zuschnitte eingerichteten Abendessens, daß Graf Trampe, wie er mir in Aussicht gestellt hatte, *gestern* von dem benachbarten Vatnsdalur aus in Amtssachen südwärts gegangen sei und *morgen*, längstens *übermorgen*, dahin zurückzugehen gedenke. (Donnerstag, 8. Juli)

> [M]ein Füchschen z. B. mußte *gestern* den ganzen Nachmittag herhalten, vom Sandfell weg bis zum Kjálkaver, d.h. 8 volle Zeitstunden, [...]. (Mittwoch, 14. Juli)

Wir wissen aber, dass die Verfassung der Reisebeschreibung ein langwieriger und unabgeschlossener Prozess gewesen ist und dass sie ganz sicher nicht schon während der Reise begann.

Die Zeitebenen sind allerdings noch vielschichtiger als die beiden separaten Phasen der Textverfassung: Mit antizipierendem Gestus gleitet die Zeit nach vorne und fasst bereits am Anfang

Ergebnisse zusammen; noch öfters wendet sie sich nach hinten, wobei sie hier unterschiedliche Tiefe erreicht. Einerseits gibt es die relativ nah zurückliegende Zeit, in der u. a. Abschriften von Handschriften angefertigt und Volkssagen verschriftlicht wurden, mit denen der Protagonist durch Nacherzählen mit der Bevölkerung in Kontakt kommt und auf die der Verfasser Maurer durch Fußnoten und Querverweise näher eingeht. Andererseits gibt es auch die weit zurückliegende Vergangenheit der Landnahme und der Sagazeit, deren Geist immer noch sehr präsent ist. Als Rechtshistoriker interessiert sich der Verfasser und Akademiker Maurer, der im Dienste der Wissenschaft die Erlaubnis zur Reise erhielt, für die historische Perspektive. Entsprechend der zeitlichen Tiefe dehnt sich erheblich die Erzählzeit in solchen Textpassagen, während die effektive Zeit der Reise stillsteht.

All die Zeitebenen werden nicht klar auseinandergehalten, sie gehen meist ineinander über und interagieren im Text; die Grenzen zwischen Gegenwart und Vergangenheit sind aufgehoben und die chronologische Progression wird des Öfteren unterbrochen.

Anders als in einer Reisebeschreibung zu erwarten, erfüllt der Raum und die Landschaft eine eher untergeordnete Funktion. Verglichen mit traditionellen Reiseberichten, die mit geographischen Eckdaten und einer ersten groben Beschreibung des Landes einsetzten, wird im Maurers Text diese Konvention gebrochen.

Der Wirklichkeitsbezug verliert an Bedeutung, da das Reisen durch die Landschaft oft nur als Vorwand genommen wird, um über etwas Vergangenes zu sprechen, etwas das häufig nicht mehr da steht, wo es angeblich gestanden hat. D. h. es handelt sich meistens um eine mentale, rekonstruierte Landschaft, die wenig für das rein Geographische übrig hat, sondern vielmehr ihre Funktion als ‚Szenerie der Geschichte' erfüllt. Des Öfteren wird sie einfach durch lange Exkurse ausgeblendet oder aber positiv in Szene gesetzt, wie die Darstellung des trotz schlechtem Wetter betrübten Blick auf Þingvellir (Ort der historischen Volksversammlung) veranschaulicht:

> Aber einen Anblick von unvergleichlicher Großartigkeit hatte uns dann doch kein Wetter verkümmern können, den Anblick nämlich der Almannagjá. (3/1, S. 66)

An manchen Stellen wird sie jedoch zum Objekt der Betrachtung: Wenngleich aus ganz anderen Gründen als in den traditionellen Reiseberichten über Island, die eine Tendenz zur Verteufelung des Landes aufweisen, gilt auch Maurers Text nicht als objektiv. Hier wie dort werden durch die Beschreibung andere Zwecke verfolgt als ein dokumentarisches Bestreben. Die Landschaft wird zum jeweiligen Zweck funktionalisiert: War Island der Inbegriff der Hölle auf Erden gewesen, zeichnet sich nun bei Maurer die Tendenz zur beinah grenzenlosen Verherrlichung einer zuvor eher dämonisierten Natur ab. Diese überwältigt nun den Erzähler, allerdings nicht mehr im Negativen; sie wird mit ganz anderen Augen wahrgenommen und ästhetisiert. Der aufmerksame Blick schweift über die „schönen Berge", „den wunderhübschen bzw. prachtvollen Weg", die „fabelhaft herrliche Gegend", „imposante Gletscher" und vieles mehr.

Bezeichnend ist die Tatsache, dass der Vulkan Hekla, dem etwa 100 Jahre zuvor Johan Anderson ein langes Kapitel (§ 8) widmete und Schreckvorstellungen hervorrief, bei Maurer mehrfach genannt wird. Allerdings zeigt sich in keinster Weise Kontinuität mit der Tradition: Hekla galt seit dem Mittelalter nämlich als Inbegriff des Bösen und wurde dementsprechend mit furchterregenden Bildern dargestellt.

> § 8. Indeß hält der ehemals wegen seines sehr gewaltigen und viel Jahrhundert hindurch gedauerten Feuerauswurfs so beschriene Berg Hecla, einige Jahr her sich ganz stille. Gleichwohl stehen die Anwohner nicht ohne Grund in

Sorgen, daß er sich, nur erhohle und desto grimmiger über kurz oder lang zu ihrem Schaden wiederum zu speyen anheben werde. (Anderson 1746, S. 11)

Mit keinem Wort greift Maurer diese Vorstellungen auf, als würde er sie nicht kennen oder viel wahrscheinlicher, als wolle er demonstrativ mit ihnen brechen. Der imposante Berg wird zwar als „mächtig" (12/2) wahrgenommen, ansonsten aber in seiner „vollsten Pracht" (13/2) mit seinen „schneebedeckten Gipfel[n]" (9/3) bewundert. Dass dieser Vulkan in der Vergangenheit verheerende Wirkungen für das ganze Land gehabt hatte, spielte für Maurer offensichtlich keine so wesentliche Rolle, um darauf hinzuweisen.

Im Sinne einer eher imaginierten als erlebten Landschaft erzählt Maurer wiederholte Male, was in einer fernen Vergangenheit angeblich an bestimmten Stellen gestanden habe. Irgendwo sei „der *dómhringur* noch zu sehen", während alles andere rekonstruiert werden musste:

> Hart an diesem Wasserfalle zeigte mir Guðmundur <u>den blótstein oder vielmehr den Ort, an welchem derselbe bis in die neueste Zeit gestanden hatte</u>; vom steilen und hohen Flußufer herab seien die Verurteilten auf ihn gestürzt worden, und sei in ihm eine Vertiefung gewesen, in welcher das Blut der Geopferten aufgefangen worden sei. [...] Endlich zeigte man uns noch in nicht allzu großer Entfernung von den Buden acht <u>angebliche Grabhügel</u>, welche Leuten angehören sollten, die einmal im Kampfe am Ding gefallen seien; einer von den Hügeln sei einmal aufgegraben worden, aber man habe nichts in ihm gefunden. (Unterstreichung durch die Herausgeber)

Durch den Akademiker Maurer werden sowohl die Zeit als auch der Raum zum Leben erweckt. Diese ältere Schicht der Landschaft beeindruckt ihn offensichtlich mehr als der Raum, in dem er sich als Reisender bewegt.

1.3.3 Der Stil des Reiseberichtes

Briefe von Studenten, wie Philipp Zorn, die Maurers Vorlesungen in München besuchten, bezeugen seine große Gelehrsamkeit, von der sie alle profitierten; zugleich betonen sie aber auch sein trockenes, unaufgeregtes Wesen:

> Aller Pathos war ihm völlig fremd, und in der Vorlesung etwas das Reizmittel von Scherzen oder gar Witzen zu verwenden, war für seine vornehme Natur völlig undenkbar. Es war nicht Absicht, daß er geradezu alle äußeren Hilfsmittel des Redners verschmähte; es war seine Natur, daß er sie nicht hatte.[17]

Ähnlich unaufgeregt wie sein Vortragsstil gestaltet sich auch die Erzählung seiner Reise: Der Bericht ist sehr akribisch geschrieben, verrät die Liebe zum Detail, wirkt teilweise redundant und häufig pedantisch. Es ist ihm sicher schwer gefallen, sich mit der literarischen Gattung des Reiseberichts zu befassen, mit der er sonst keine Erfahrung hatte, wie ein Brief an Jón Sigurðsson vom 10. April 1859 beweist:

> An meinem Reisebericht arbeite ich nebenbei fort, wie sich eben Zeit gibt. [...] Es ist gar schwer, die Eindrücke eines flüchtigen Besuchs mit dem zerstreuten Materiale zusammen zu verarbeiten, welches die Literatur bietet. Dazu kommt, <u>daß mir alle und jede Gewandtheit in der Form fehlt</u>. Es liegt eine gewisse Ängstlichkeit hinsichtlich des Inhalts dabei zu Grunde; ich möchte diesen so korrekt und genau und voll als möglich, und <u>darüber wird mir die Darstellung schwerfällig, schleppend, langweilig</u>. Versprechen kann ich Ihnen nur das Eine, daß eine herzliche Liebe zu Ihrer Heimat den Grundzug meines Berichts bilden wird, und daß ich darum auch nicht unterlassen werde, offen über das Fehlende im Lande mich auszusprechen.

---

[17] Zorn 1902, S. 194.

Harmen Biró, der in jüngster Zeit eine Dissertation über den Bericht verfasst hat, behauptet am Ende seiner Analyse, es habe sich gezeigt, „dass Konrad Maurer durchaus mit den Tücken des Reiseberichts zu kämpfen hatte" (2011, S. 157) – eine Meinung, der man sicherlich zustimmen kann. Und unmittelbar danach erklärt er: „[i]nsbesondere die geschichtlichen Ausführungen entgleiten ihm zunehmend und drohen den gesamten Bericht zu korrumpieren." Biró postuliert sogar das Scheitern sowie das Kapitulieren des Verfassers. Er argumentiert u. a. mit der Unabgeschlossenheit des Textes, die seiner Ansicht nach das Aufgeben Maurers als Autor markiert. Er selbst muss aber zugeben, dass die Reise an der Stelle, wo der Text abbricht, praktisch zu Ende war: Die Reisegruppe steht kurz vor Reykjavík, der Reisegefährte Winkler reitet weiter, die Reiseführer werden verabschiedet und der Reisende Maurer bleibt allein in seinem Element zurück, nämlich einer historisch interessanten und geschichtsträchtigen Gegend, wo sich viele Sagas[18] – u. a. die *Egils saga* – abspielen.

Es ist schwer zu glauben, dass nach knapp 400 Manuskriptseiten und zahlreichen Digressionen die Erzählung gerade am letzten historischen Exkurs scheitern konnte, wie Biró es sehen möchte. Denkbar wäre, dass der Autor durch die abrupte Unterbrechung den Protagonisten nicht mehr abfahren lässt: Dadurch bleibt dieser, zumindest in der Narration, in Island stecken und verliert sich ein letztes Mal in der entfernten und sagenumwobenen Landschaft.

---

[18] Vgl. Schier, 1970, S. 3: „Im engeren Sinn gehören zur Sagaliteratur die in Island etwa von der Mitte des 12 Jh.s bis in die erste Hälfte des 14. Jh.s entstandenen erzählenden Prosawerke, sofern sie nicht Übersetzungen sind." Die von Maurer im Reisebericht angesprochenen Werke gehören ausnahmslos zu der Untergattung der Isländersagas, nämlich Werke, in denen über Ereignisse und Figuren der isländischen Geschichte aus der Zeit um die Jahrtausendwende berichtet wird. Für eine Definition der Sagaliteratur und eine Abgrenzung der Untergattungen siehe Schier 1970, S. 2 ff.

Es ist durchaus richtig, dass Maurers Islandreise die Konventionen der Gattung nicht bedient: Der Bericht vermengt Passagen einer Reisebeschreibung mit anderen, die eher einer wissenschaftlichen Schrift entsprechen, sowie eine Ökonomielehre über aktuelle Angelegenheiten. Doch soll unserer Ansicht nach der Text als Subjektivierung der Zwecke und der Darstellungsweisen – wie sich laut Reinhard Heinritz (1998, S. 18) die Reiseliteratur in der zweiten Hälfte des 18. Jh.s entwickelt – gelesen und geschätzt werden.

2. Kommentar

Ungeachtet der Konventionen des Genres und der Erwartungen des Publikums an einen Reisebericht gestaltete Maurers seinen Text mehr als eine Zeitreise als eine Darstellung der topographischer Realität. Bezugnehmend auf die zeitliche Dimension der Beschreibung, die die verschiedenen Epochen der isländischen Geschichte berücksichtigt und – offensichtlich ohne einem bestimmten Muster zu folgen – diese miteinander vermischt, wird der Kommentar der Übersichtlichkeit halber in drei chronologische Einheiten eingeteilt, die grob Mittelalter, Frühneuzeit und 19. Jh. (d. h. die Zeit der Reise und der Niederschrift des Berichtes) behandeln. Die erste Einheit befasst sich mit der entfernten Veranggenheit des Landes: Landnahme sowie Christianisierung und administrative Einteilung in Viertel mit der Gründung von Gerichtsstätten und Thingversammlungen. Ein zweiter thematischer Abschnitt gilt der Rezeption der literarischen Werke und dem kulturellen Erbe in der Frühneuzeit, in der die führenden Nationen Skandinaviens dieses Erbe zu politischen Zwecken instrumentalisierten. Ein dritter und letzter Abschnitt wird schließlich den Beobachtungen der Zeit gewidmet, in der die Reise unternommen wurde, mit der Darstellung der in vielerlei Hinsicht noch rückständigen Lage und der misslichen Verhältnisse, die Mensch und Tier plagten, wie beispielsweise eine Schafseuche (isl. *kláðamál* oder *fjárkláði*).

All die Aspekte, die teilweise überaus ausführlich durch akribisches Aufzählen und Referieren bis ins Detail behandelt werden, zielen darauf hin, ein möglichst vollständiges Bild des Landes zu vermitteln, das unverkennbar die Wertschätzung des Verfassers genoss. An vielen Textstellen wird die Begeisterung für Land und

Leute ersichtlich. Diese positive und bejahende Haltung stellte sich demonstrativ der langen Reihe von Reiseberichten entgegen, die – beginnend in der Antike und bis zum 19. Jh. – über Island verfasst worden waren und bis auf wenige Ausnahmen die Insel zum Vorort der Hölle erkoren hatten.

2.1 Die entfernte Sagazeit

Besondere Aufmerksamkeit und Akribie – wie hätte es bei Maurer auch anders sein können – schenkte der Rechtshistoriker dem Auffinden und Besichtigen der alten Thingstätten, nämlich der Orte, an denen Gerichtsversammlungen nach dem alten Recht abgehalten wurden. Laut *Íslendingabók*, dem ersten historiographischen Werk in altisländischer Sprache, das von Ari Þorgilsson inn fróði in der ersten Hälfte des 12. Jh.s verfasst wurde, hatten die Landnehmer nach der ersten Besiedlungsphase (sog. Landnahmezeit 870–930) eine Verwaltungsstruktur geschaffen, die das friedliche Zusammenleben aller Einwohner ermöglichen sollte. Diese sah vor, dass das Land administrativ in Viertel aufgeteilt wurde. Pro Viertel wurden in regelmäßigen Abständen kleinere regionale Volksversammlungen (sog. Thing) abgehalten, in denen über Rechtsangelegenheiten beraten wurde. Einmal im Jahr trafen sich alle freien Männer am *alþingi* ('Allthing'), der wichtigsten gesetzgebenden Versammlung, die in der Mitte des Sommers am Þingvellir, im Südwesten der Insel, abgehalten wurde. Solche Zusammentreffen der freien Männer waren vor der Besiedlung Islands bereits in Nordeuropa üblich und das Model wurde auf alle Siedlungsgebiete der Nordleute übertragen. Der isländischen Rechtssammlung der *Grágás* ('Graugans') ist zu entnehmen, dass zusätzlich zum *alþingi* die regionalen Frühjahrthinge (*várþing*) und Herbstthinge (*haustþing*) gesetzlich geregelt waren. Innerhalb der

Viertel wurden kleinere territoriale Einheiten geschaffen, die *goðorð* (‚Godentümer') hießen. Insgesamt waren es 39 Godentümer und jedes regionale Thing war für drei davon zuständig, sodass sich zumindest in der Theorie dreizehn Versammlungen ergaben.[19]

Mit einer überaus wissenschaftlichen Vorgehensweise nährt sich Maurer den Stellen, die er zu besichtigen beabsichtigte. Die anvisierten Sehenswürdigkeiten werden unter unterschiedlichen Gesichtspunkten betrachtet: archäologisch, sofern die Bedingungen es zuliessen;[20] linguistisch, durch Betrachten der Ortsnamen und derer Etymologie; historisch anhand ausführlichen Quellenmaterials. Augenzeugenberichte, wenn sie zur Verfügung standen, wurden ebenfalls herangezogen. Dadurch büßt die Reisebeschreibung an Leichtigkeit ein und spiegelt exakt das Wesen ihres Autors und dessen wissenschaftliches Interesse wider. Der Leser soll sich deswegen eher auf eine Fachabhandlung als auf ein unterhaltsames Abenteuer gefasst machen. Nach den von Manfred Link (1963, S. 7 ff.) erstellten Kriterien, um die Reiseliteratur in Kategorien einzuteilen, ist Maurers Text in höchstem Masse referentiell, wobei die Informationen nicht ausschließlich auf der Reiseerfahrung selbst basieren, sondern durch gelehrte Literatur im Prozess des Schreibens ergänzt wurden.

Das Heranziehen der Sagas galt weniger dem rein philologischen Interesse, sondern vielmehr der Möglichkeit, dadurch über die Gesellschaft und das Rechtssystem Relevantes zu erfahren. In einem Brief vom 8. August 1877 an C. R. Unger betont Maurer diese Haltung:

> Die Legenden [= *Heiligra manna sögur*] haben mich höchlich interessiert. Der Gegenstand liegt meinen

---

[19] Siehe dazu Gunnar Karlsson 2005.
[20] Zur Zeit der Islandreise Maurers hatte die systematische Untersuchung der Thingstätten erst begonnen, und diese zog sich bis zum Beginn des 20. Jh.s hin, vgl. Gunnar Karlsson 2005, S. 473 f.

Studien natürlich sehr fern, und hat auch an und für sich nur wenig Reiz für mich; aber in sprachlicher Beziehung sind einzelne Stücke auch für mich ganz unendlich interessant. (Riksarkiv Oslo)[21]

In einem anderen Brief an C. R. Unger vom 27. Dezember 1896 unterstreicht Maurer erneut die enge Verbindung zwischen Literatur und Geschichte, indem er Unger dankt, weil durch dessen Werke „das Studium der Geschichte [seiner] Heimat nicht nur gefördert, sondern geradezu erst ermöglicht" habe. Mit Pathos fügt er hinzu: „Wo stünden wir ohne Ihre vortrefflichen Ausgaben der wichtigsten altnordischen Quellenschriften!" (Riksarkive Oslo).

Die Schriftquellen, auf die er sich bezieht und von denen er extensiven Gebrauch macht, sind insbesondere die pseudo-historiographischen Werke wie *Íslendingabók* und *Landnámabók* sowie zahlreiche Isländersagas, deren Inhalt teilweise bis ins Detail im Text wiedergegeben wird. Den Sagas widmete Maurer gesonderte Studien, in denen er bezüglich der Entstehung der Gattung Position bezog. Dem zufolge stellen die Sagas in den Redaktionen, die erhalten geblieben sind, bewusste Bearbeitungen einer ursprünglich mündlichen Überlieferung dar, die einzelne Verfasser – mehr oder weniger gelehrt und traditionsverbunden – unter Berücksichtigung schriftlicher Quellen vorgenommen haben. Aufgrund dessen sei seiner Ansicht nach der Wert der Sagas als historische Quellen eher gering einzuschätzen. Dies versucht er am Beispiel der *Hænsna-Þóris saga* zu veranschaulichen:

> Es begreift sich, dass in der Zeit, da man auf Island überhaupt anfieng Sagen aufzuzeichnen, die Localsage im Borgarfjörður noch lebhaft genug mit dem berühmten Mordbrande beschäftigen mochte; es begreift sich aber

---

[21] Der Briefverkehr zwischen Mauer und den norwegischen Akademikern, dem Juristen Ludvig Aubert (1838–1896), dem Rechtshistoriker Ebbe Carsten Hetzbert (1847–1912) sowie dem Philologen Carl Richard Unger (1817–1897) ist im Riksarkiv Oslo versammelt aufbewahrt.

auch, dass in den dritthalbhundert Jahren, welche zwischen ihm und der Abfassung unserer Sage in Mitte lagen, die Erinnerung an denselben sich bereits vielfach verzerrt und verdunkelt hatte, dass gar manche geschichtliche Thatsachen fallen gelassen, gar manche ungeschichtliche Züge aufgenommen, endlich auch gar manche Verwechslungen in Bezug auf Personen und Ereignisse in die Erzählung eingedrungen sein möchte, wie ja diess Alles bei Ueberlieferungen, welche geraume Zeit hindurch lediglich auf mündlichem Wege sich fortpflanzen der Fall zu sein pflegt. Theils aus jener Unbekanntschaft des Verfassers der Sage mit Ari's Werken, theils aber auch aus der ungekünstelten und lebensfrischen Darstellungsweise desselben schliesse ich endlich, dass derselbe kein gelehrter Kleriker vom Schlage des Oddr Snorrason, Gunnlangr Leifsson oder Styrmir Kárason, sondern entweder ein Laie oder doch ein Geistlicher von geringerer Gelehrsamkeit und grösserer Volksthümlichkeit gewesen sein müsse als jene [...]. (aus *Über die Hænsaþóris saga* 1871, S. 208 f.)

Auf der Grundlage der obenstehenden Überlegungen steht Maurer am Anfang der literaturwissenschaftlichen Sagaforschung und wird als Mitbegründer und Vertreter der sog. Buchprosatheorie angesehen, die sich als Alternativmodell zur Freiprosatheorie[22] bot. Die Debatte über die Entstehung der Sagas – aus jeweils einer mündlichen Tradition oder schriftlichen Vorlagen – entfaltete sich am Ende des 19. und zu Beginn des 20. Jh.s, als die beiden Lehren

---

[22] Dieser Lehre zufolge, die bereits Rudolf Keyser bezüglich der Königssagas initiierte und die 1914 von Andreas Heusler weiter entwickelt und systematisiert wurde, waren die Sagas als mündliche Erzählungen geschaffen worden und als solche über Jahrhunderte unverändert bis zu ihrer Niederschrift weitertradiert worden. Dadurch dass sie als anonyme Werke überliefert wurden, zählten sie als Allgemeingut des isländischen Volkes. Infolgedessen konnte man die Sagas als zuverlässige historische Quellen ansehen (vgl. die Abwägung der pro und contra der Lehre von Jónas Kristjánsson 1997, S. 210 f.). Jónas Kristjánsson erwähnt zurecht, dass die isländische Bezeichnung für diese Lehre, nämlich *sagnfestukenning* (in etwa ‚die Theorie der fixierten Tradition') zutreffender ist als die deutsche.

eine Systematisierung erfuhren. Eine erneute Hochphase erlebte sie in den 70er Jahren des vorigen Jahrhunderts, als die alten Theorien wieder aufgenommen und justiert wurden.[23]

Ebenfalls skeptisch stand Maurer mündlichen Aussagen gegenüber, die es – sofern es möglich war – während der Reise zu überprüfen galt. So kletterte er hinauf auf die Paradísarhellir (eine Höhle im Süden der Insel), von denen berichtet wurde, sie würde Runeninschriften enthalten; dabei musste er allerdings feststellen, dass die angeblichen Inschriften „doch ohne allen Wert, eine bloße Spielerei von Leuten, die ihre Namen in der von ihnen besuchten Höhle verewigen zu müssen geglaubt hatten" (17/3, S. 146) waren. Auf ein ähnliches Ergebnis kam er auch nach der Untersuchung des sog. Kjartanssteinn in Borg, der fälschlicherweise für eine alte Runeninschrift als Grabinschrift von Kjartan Ólafsson, einer der Hauptfiguren der *Laxdœla saga*, gehalten wurde.

Wesentlich unkritischer stellt er sich hingegen als Rechtshistoriker gegenüber der *Landnámabók*[24] sowie Aris Werk, die er als Maßstab für die Zuverlässigkeit anderer Quellen häufig heranzieht und denen er fast uneingeschränkten Glauben schenkt. Obwohl die *Landnámabók* in den Fassungen, in denen sie erhalten geblieben ist, nicht auf die Zeit der Besiedlung zurückreicht und sie bekanntlich im 13. Jh. eine starke Überarbeitung im Sinne der Erfindung eines isländischen Gründungsmythos erfuhr,[25] hielt sie Maurer trotzdem als geeignet, um dadurch einen Einblick in die Geschichte des Landes zu bekommen.

---

[23] Zum Thema siehe u. a. die Sammelbände von Baetke 1974 und Mundal 1977.
[24] Siehe dazu Böldl u. a. 2001, S. 230. In der Überarbeitungsphase beeinflussten sich Sagas und *Landnáma* gegenseitig. Aus einem reinen Katalog mit den Lebensdaten der Landnehmer, der vermutlich im 12. Jh. zeitgleich wie die *Íslendingabók* entstanden war, entwickelte sich eine regelrechte Erzählung.
[25] Dazu hat Verena Höfig 2014 eine ausführliche Abhandlung verfasst, die noch unveröffentlicht ist (Dissertation Berkley).

Zu seiner Lebenszeit wurden zahlreiche Sagas ediert und teilweise übersetzt, sodass sie dem interessierten Fachpublikum zugänglich wurden. Die Korrespondenz mit C. R. Unger und anderen skandinavischen Gelehrten zeigt deutlich, dass Maurer durch sie Zugang zu den neuerschienenen Büchern hatte und zudem im regen Austausch mit Fachleuten und Gleichgesinnten stand.

Die zweite Hälfte des 19. Jh.s wurde sehr stark durch den Positivismus geprägt, der mit der zunehmenden Bedeutung der Naturwissenschaften eng verknüpft war. Auch die literarischen Studien partizipierten an diesem Phänomen und wurden in der Methodologie davon beeinflusst. Vorwiegend französische Gelehrte, wie der Philosoph Hippolyte Taine (1828–1893) und der Soziologe Auguste Comte (1798–1857), wendeten positivistische Paradigmen an literarischen Texten an: In einer vermeintlich objektiven Art und Weise versuchte man, regelmäßige Muster zu erkennen sowie Korrelationen zwischen Texten zu etablieren, und man legte besonderen Wert auf die Beobachtung und Sammlung von Fakten. Der größte Gewinn dieser Methode für die Literaturwissenschaft war das genaue und akribische Studium der Quellen, das einerseits zu zahlreichen Texteditionen und andererseits zu Lexika und sog. *Motif-indices* führte. Bezüglich der altnordischen Literatur waren es v. a. Dänen und Norweger, die zu dieser Zeit Editionen von Sagas anfertigten, die in Kopenhagen teilweise mit einer lateinischen bzw. volkssprachlichen Übersetzung erschienen. Zusätzlich zum philologischen Wert galten die Werke als Prestigeprojekte, die zu verschiedenen Zwecken dienten: zur Unterstützung der Unabhängigkeit Norwegens, indem sie das Bewusstsein stärkten und die Verbindung zu einer glorreichen Vergangenheit herstellten, bzw. zur Behauptung der etablierten Macht in Dänemark.

Bereits in der Frühneuzeit (ab dem 16. Jh.) waren u. a. in Norwegen Übersetzungen von Königssagas entstanden, aber im Land befanden sich zu diesem Zeitpunkt nur noch wenige Handschriften.[26] Auch die Schweden beteiligten sich an der Erschließung der Texte in der sog. Nordischen Renaissance. Bereits vor den Editionen und Übersetzungen von Olaus Verelius (ab ca. 1660) hatte Johannes Bureus die meisten altisländischen Handschriften, die sich in Schweden befanden, besichtigt und sie mit zahlreichen Randanmerkungen versehen.[27] Auf die neuen Editionen geht Maurer in den Briefen an die skandinavischen Kollegen ein und beweist, dass er durchaus am wissenschaftlichen Dialog seiner Zeit teilhatte.

In seiner Reisebeschreibung bedient sich Maurer grundsätzlich bei jeder Etappe seines Ritts zahlreicher literarischer Texte: Diese sollten dazu beitragen, vor allem den Thingstätten als *loci* des Rechtes auf die Spur zu kommen und sie genauer zu untersuchen. Insbesondere vor der Versammlung des Allthings, die „[ü]ber 300 Jahre hindurch, während der ganzen Dauer des Freistaates, Inhaberin der Souveränität über die Insel gewesen [war]" (4/1, S. 71), zeigt er großen Respekt. Nach der Unterwerfung unter den norwegischen König und später unter dänischer Herrschaft hatte das Allthing allerdings massiv an Bedeutung eingebüßt.

Thingstätten lagen bekanntlich unter freiem Himmel, des Öfteren in erhöhter Lage, sie hinterließen selten klar ersichtliche Reste und abhängig von den Veränderungen in der Landschaft – beispielsweise die Änderung eines Flusslaufs wie im Falle der Þjórsá – konnten sie selbst eine neue Beschaffenheit aufweisen. Bezüglich des Árnesþing, das sich – wie der Name besagt – auf einem *nes* (‚Landzunge') befinden sollte, stellt er fest, dass dessen Reste nun auf einer Insel aufzuspüren waren:

---

[26] Dazu siehe u. a. Jørgensen 1993.
[27] Dazu siehe Gödel 1987, S. 216 ff.

Die wahrscheinlichste Erklärung ist wohl die, daß die Flußinsel und damit die alte Dingstätte, früher landfest gewesen sei und nur von drei Seiten vom Flusse umgeben, eine wahre Landzunge gebildet habe; daß dann erst später die reißende Þjórsá sich hier geteilt und mit einem Arme durch das Land westlich der Dingstätte einen Weg sich gebahnt habe, wodurch dann die frühere Halbinsel zur Insel werden mußte. (23/4, S. 178 f.)

Maurer scheint sich bis ins Detail mit der Typologie der Thingstätten auszukennen und ist in der Lage, aus den oft nur spärlichen Überresten die konstituierenden Bestandteile zu erkennen: die *lögrétta* (‚Gesetzeskammer'), der *dómhringur* (‚Gerichtsring' als Platz im Freien, an dem die Versammlung tagte), der *blótsteinn* (‚Opferstein'), die *blótkelda* (‚Opfersumpf') sowie die *bóðatóftir* (‚Buden', in denen die Teilnehmer während der Dauer der Versammlung untergebracht waren).

12. Juli: [...] in den Gerichten auf Opfertod erkannt wurde, daß der Vollzug durch Brechen des Rückens an einem *blótsteinn* oder Versenken in eine *blótkelda* erfolgte, und daß darum Stein oder Sumpf in der Nähe des Gerichtsplatzes sich zu befinden pflegten; wir wissen auch, daß das Abstürzen von Felsen und Klippen als Form der Opferung galt. (23/4, S. 178)

4. August: [...] ostwärts aber nach dem herrlichen Tale gerichtet, lag nun die Dingstätte des Verbandes, welcher eben von dieser ihrer Lage den Namen des *Hegranessþing* erhalten hatte. Es war nicht ganz leicht, die Einzelheiten des alten Gerichtsplatzes aufzufinden, denn keiner der Anwesenden hatte sich jemals die Mühe genommen, sich um dieselben zu bekümmern. Am ersten fanden wir, auf einer Terrasse an der Bergleite liegend, die Überreste einer nicht geringen Zahl von Dingbuden; nicht weit entfernt von ihnen sieht man einen kreisförmigen Platz, von

welchem es heißt, daß hier die *lögrétta* gesessen sei,[28] und in dessen Nähe wieder die *þingbrekka*, d.h. die Anhöhe, von welcher aus alle rechtsförmlichen Eröffnungen zu erfolgen hatten: unten auf der weiten Fläche am Flusse und der See stehend, mochte das Volk diesen zugehört haben. (46/2, S. 299)

Die Ortsnamen, von denen wir allerdings wissen, dass sie teilweise neueren Datums sind und erst durch die Rezeption alter Texte eingeführt wurden, stellen eine weitere Quelle dar und geben im Text Anlass zu weiterführenden Überlegungen.

Neben den Thingstätten sind es die Höfe, die Maurers Aufmerksamkeit auf sich ziehen: Die Höfe des 19. Jh.s standen in den meisten Fällen am selben Ort wie die historischen, die auf die Landnahmezeit und bestimmte Landnehmer zurückgeführt werden konnten. Hierbei zeigt sich eine erstaunliche Kontinuität in der Besiedlungsgeschichte der Insel, wobei durch die fehlende Urbanisierung drastische Veränderungen ausblieben. Zu den rein praktischen Annehmlichkeiten, wie dem Versorgen der Tiere und der Rast für die Reisenden, bot der jeweilige Besuch eines Hofes vielerlei: Einerseits veranlasste er den Verfasser dazu, sich selbst ein Bild von der Lage zu machen und gleichzeitig über die Sagapersonen zu berichten, die laut Literatur als erste Besitz der Gegend genommen hatten; andererseits kam Maurer auf diese Weise in Kontakt mit der örtlichen Bevölkerung, die sich mehr oder weniger gerechtfertigt für Nachkommen der ursprünglichen Hofbesitzer hielten und Auskunft über dessen jüngere Geschichte geben konnten.[29] Erneut wird der Leser – unabhängig von seinen

---

[28] Bekanntlich ist das Hegranesþing das einzige unter allen *várþing*, von welchem ausdrücklich die Existenz einer *lögrétta* bezeugt wird; freilich nur in der, etwas späten, *Grettis saga*.

[29] „Für den Reisenden, der gewillt und befähigt ist, das Volk des Landes zu studieren, welches er bereist, ist es absolut nötig, statt unterm Zelt zu liegen die Gastfreundschaft der Hofbesitzer in Anspruch zu nehmen, die allerwärts gerne und freundlich gewährt wird." (1/4, S. 57)

eigenen Erwartungen – auf eine Zeitreise verführt: Über die geographische Beschaffenheit des Landes, wofür Maurers Reisebegleiter, der Mineraloge Georg Winkler, viel übrig hatte, erfährt man wenig Konkretes; umso tiefer wird allerdings zeitlich gebohrt. Die Höfe so wie allgemein die Landschaft sind Schauplätze der alten Geschichte, die bei jeder Gelegenheit wieder zum Leben erweckt wird. Bezüglich des zur Zeit Maurers weiterhin bewohnten Hofes Laugarnes (nordöstlich von Reykjavík) weiß er folgendes zu berichten:

> Schon am Schlusse des 10. Jahrhunderts wird nämlich der Hof als bestehend genannt, und er war damals in der Hand eines der angesehensten Geschlechter; Hallgerðr Höskuldsdóttir, die rachsüchtige Frau des in der Njála vielgefeierten Helden Gunnarr von Hlíðarendi, soll nach der Volkssage hier gewohnt haben, gestorben sein und begraben liegen. (VIII/2, S. 39)

Der nächste, wichtige Einschnitt in der Geschichte des Landes, der im Text an verschiedener Stelle thematisiert wird, ist die Bekehrung zum christlichen Glauben: Diese folgte einem Thingbeschluss im Jahr 1000, der als bewusster Entschluss aufzufassen ist, um die politische Einheit und den Frieden innerhalb des Landes zu bewahren. Damit reagierten die Isländer auf den Druck von außen, der überwiegend durch die Bestrebungen des norwegischen Königs Óláfr Tryggvason (ca. 995–1000) ausgeübt wurde. Nachdem er in Norwegen mit eher blutigem Vorgehen den neuen Glauben etabliert hatte, richtete Óláfr seine Aufmerksamkeit auf die nordischen Territorien im Atlantik. Die Entsendung des wenig einfühlsamen und gewaltbereiten Missionars Þankbrandr nach Island im Jahr 997 sowie die Geiselnahme aller Isländer, die sich 998 in

Nidaros (= Trondheim) aufhielten,[30] zählen zu den Mitteln, derer sich der König bediente, um die Isländer zur Bekehrung zu zwingen. Unter solchen Umständen beschlossen diese, selbständig die Entscheidung zu fällen und somit ihre politische Unabhängigkeit gegenüber Norwegen zu bewahren.[31]

Der Glaubenswechsel brachte neue Wertvorstellungen mit sich, die sich nur langsam etablierten, sowie die lateinische Schriftkultur, wodurch die bis dahin mündlich tradierten Sagen verschriftet und verschriftlicht werden konnten. Dadurch dass Maurer den Sagas einen hohen Stellenwert zuschreibt, wird indirekterweise die Bedeutung der Christianisierung für die Geistesgeschichte des Landes unterstrichen, wenngleich dies sicherlich nicht der Intention des Autors entsprach.

Unter Berücksichtigung von Sagas und Ortsnamen, die angeblich zur Sagazeit geprägt wurden, versucht Maurer gleichermaßen, Spuren des Heidentums aufzudecken. Bezüglich der Ortschaft Hofstaðir (wörtlich ‚Tempelstätten') im Westen der Insel zieht er die *Eyrbyggja Saga* als Zeugnis für die Beschreibung des Tempels heran:

> Danach [= laut *Eyrbyggja saga*] war dieser ein Langbau
> von ziemlicher Größe, und an den beiden Langwänden
> waren, ziemlich nahe an dem einen Ende, die beiden Türen angebracht; innerhalb des Tempels standen die Hochsitzsäulen, von denen bereits die Rede war, und waren in
> dieselben Nägel eingeschlagen, welche man als die Haupt-

---

[30] Dieser Umstand, der als Maßnahme gegen die Vertreibung von Þankbrandr aus Island ergriffen wurde, wird in manchen Sagas thematisiert, wie z. B. in der *Laxdæla saga*.

[31] Siehe Gschwantler 1976, S. 198–200. Nach der Definition von Baetke (1943, S. 143) handelt es sich dabei um die Annahme des Christentums als „äußeren Vorgang, als historisch feststellbares und ungefähr auch datierbares Ereignis". Dieses – so Baetke – geschah „aus Gründen, die mit dem religiösen Glauben nichts zu tun hatten". Es versteht sich von selbst, dass die innere Aneignung erst zu einem späteren Zeitpunkt und in einer ausgedehnten Zeitspanne erfolgte.

nägel (:reginnaglar; oder Götternägel?:) bezeichnete, deren Bestimmung aber uns nicht bekannt ist. (71/3 f., S. 488)

Der Betrachter des 19. Jh.s war allerdings nicht mehr in der Lage, viel davon in der Landschaft zu erkennen, wie Maurer selbst zugeben muss: „Es begreift sich, daß es ein hohes Interesse für uns hatte zu erforschen, ob und was noch von dem alten Baue zu sehen sei; leider aber war dessen nur wenig." (71/3 f., S. 488). Erstaunlicherweise zieht Mauer an dieser Stelle nicht einmal in Betracht, dass die Saga sowie auch die *Landnámabók*, die er als zweite Quelle hierbei heranzieht, möglicherweise ein verzerrtes Bild überliefern könnten, da sie einige Jahrhunderte nach den erzählten Ereignissen und zudem von Christen verfasst wurden.

Allerdings zeigt er nicht immer blindes Vertrauen in die Quellen; an mancher Stelle erwägt er genau pro und contra einer Argumentation, wie z. B. im Falle von Ortsnamen, die mit unterschiedlichen Angaben verknüpft waren; hier lassen widersprüchliche Quellen auch bei Maurer Zweifel an ihrer Ursprünglichkeit aufkommen.

> Ich kann indessen nicht verschweigen, daß an der Stichhaltigkeit aller dieser Überlieferungen mir sowohl wie Guðbrand, welcher sich hierüber schon gelegentlich ausgesprochen hat,[32] sehr erhebliche Zweifel kamen, Zweifel, die auf der Stelle erhoben, durch genauere Vergleichung der einschlägigen Stellen nur bestärkt wurden. (72/3 f., S. 500)

---

[32] In seiner Ausgabe der *Eyrbyggja saga*, S. XIX, Anm. 2.

2.2 Die Frühneuzeit und die Rezeption

Mit der älteren Geschichte des Landes verknüpft und doch als selbständiger Aspekt zu betrachten ist die Rezeption der mittelalterlichen Werke durch das Sammeln von Handschriften. Damit verbunden ist die Entstehung der großen Bibliotheken in Skandinavien sowie die Herausgabe von Editionen und Übersetzungen. Die Instrumentalisierung der literarischen Produktion begann lange vor der Romantik, in einer Zeit, als sich Dänemark und Schweden einen erbitterten Konkurrenzkampf für die Vorherrschaft an der Ostsee lieferten. Dafür kämpften sie nicht ausschließlich auf militärischer Ebene, sondern sie zogen auch andere ‚Waffen': Ihr gemeinsames Kulturerbe, das in der Frühneuzeit vorwiegend auf Island und teilweise in Norwegen bewahrt war, sollte nämlich beweisen, dass das jeweilige Volk nicht nur der militärischen Kraft vertraute, sondern dass es auch durch seine Kultur hervortrat. Ab dem 17. Jh. hatte man die Bedeutung der Sagaliteratur in Bezug auf die Geschichte der nordischen Länder erkannt und daraufhin mit einem regelrechten Import von Manuskripten zuerst nach Kopenhagen und dann auch nach Stockholm begonnen. Dafür wurden größere Anstrengungen unternommen, u. a. durch die Stiftung bestimmter Ämter wie die Reichsantiquare, deren Aufgabe zunächst im Sammeln und Archivieren der Kulturdenkmäler bestand.[33]

In Bezug auf diese Zeit fällt wiederholte Male in Maurers Text der Name des isländischen Gelehrten Árni Magnússon (1663–1730), dem man eine umfassende und wertvolle Handschriftensammlung verdankt und dessen Erinnerung deswegen noch heute

---

[33] Im Kreis der norwegischen Humanisten von Bergen hatte man bereits in der ersten Hälfte des 16. Jh.s derartige Erkenntnisse gewonnen; man befasste sich in erster Linie mit den Königssagas, da diese eine wichtige Quelle für die norwegische Geschichte darstellten, und fertigte verschiedene Übersetzungen, die ein breiteres Publikum als die wenigen Kenner der altnordischen Sprache erreichen sollten. Die bedeutendsten Beiträge kamen von Mattis Størssøn, Laurents Hanssøn, Peder Claussøn Friis und Christiern Pedersen (vgl. Jørgensen 1993).

lebendig ist.³⁴ Über das Vorgehen des Árni Magnússon urteilt Maurer durchaus objektiv, wenngleich nicht im Sinne der Isländer. Er sieht zwar ein, dass „dadurch viel entzogen wurde" (44/1, S. 287), räumt jedoch ein, dass Árni zahlreiche Handschriften „aus den Händen unachtsamer Besitzer oder selbst vor der Schere des Buchbinders" (ibid.) gerettet habe und dass dadurch vermutlich – trotz des verheerenden Brandes von Kopenhagen 1728– noch viel erhalten geblieben sei. Er zweifelt nämlich daran, dass dies der Fall gewesen wäre, hätten die Handschriften Island nicht verlassen.³⁵

Auf der anderen Seite gaben sich auch die Schweden große Mühe, Originalhandschriften zusammenzutragen bzw. durch Isländer abschreiben zu lassen.

Einmal dass alle wichtigen mittelalterlichen Handschriften gesammelt waren, begannen in Kopenhagen und an den schwedischen Universitäten die ersten Manuskriptstudien und die wissenschaftliche Beschäftigung mit den Texten, von denen bald danach in Dänemark und Schweden die ersten gedruckten Aus-

---

[34] Zum Leben und Wirken von Árni Magnússon siehe die umfangreiche Biographie von Már Jónsson 1998, insbesondere die Kapitel 4, 5 und 10. Des Weiteren siehe den kurzen Überblick von Jón Helgason 1965, S. 67–78. Die systematische ‚Plünderung' betraf nicht nur Island, sondern auch Norwegen, wie Holm-Olsen (1990, S. 151 ff.) klar macht; somit fanden sich zu Beginn des 17. Jh.s keine mittelalterlichen Handschriften mehr in der Heimat der norrönen Literatur, nämlich Island und Norwegen.

[35] Erst im 19. Jh., als die Isländer – sowie übrigens auch die Norweger – für die politische Unabhängigkeit gegenüber Dänemark zu kämpfen begannen, kam es zu einer Wiederentdeckung und einer neuen Wertschätzung ihres Kulturerbes; davor waren sie nicht eifrig genug gewesen, diese Schätze für sich in Anspruch zu nehmen. Diesbezüglich behauptet Jónas Kristjánsson (1970, S. 95): „Wenn the Icelanders took up their struggle for freedom in the 19th century, they based their claims on ancient historical authorities, documents and treaties with their kings of Norway and Denmark. The ancient literature was both an inspiration to the independence movement and the mainspring of a new literary revival." Zu diesem Zweck wären sie damals gerne im Besitz der Handschriften gewesen.

gaben und verschiedene Übersetzungen entstanden.[36] Nicht ohne Bedauern kommentiert Maurer, dass man vergeblich auf Island solche Studien suchen würde, was nicht nur an der ‚Plünderung' der Handschriften lag, sondern auch mit dem Fehlen einer Universität zusammenhing.

Betrachtet man die wiederkehrende Erwähnung von Manuskripten in der Reisebeschreibung, so gewinnt man den Eindruck, dass diese auch im 19. Jh. innerhalb der isländischen Gesellschaft nach wie vor einen großen Stellenwert hatten. Durch die professionelle Anfertigung von Abschriften der älteren Texte wurden Sagas noch zu Maurers Zeit handschriftlich abgeschrieben und zirkulierten weiter. Während der Reise stößt Maurer häufig auf Leute, die bereitwillig ihre ‚Schätze' zeigten. Dabei kam er oft in den Genuss von Bücherschenkungen als Zeichen der Ehre, die ihm – dem Fremden, der sich für den Verfassungsstreit stark gemacht hatte – erwiesen wurde. Es geschah auch, dass extra für ihn Abschriften angefertigt wurden:

> Der Mann versprach mir, da er sich nicht entschließen konnte, seine Handschriften zu veräußern, die sechs Sagen, freilich erst den nächsten Winter über, für mich eigenhändig abzuschreiben. (47/4–48/1, S. 308)

Da ihnen nicht immer die besten Vorlagen zugrunde gelegt wurden, war der quellenkritische Wert der Abschriften – wie Maurer richtig hervorhebt (44/2) – nicht immer sehr hoch.

Dieser sicherlich ungewöhnliche Aspekt der Buchproduktion unterscheidet Island von anderen europäischen Ländern in der Frühneuzeit, wo man eher gedruckte Bücher produzierte bzw. kaufte als aus Originalhandschriften abzuschreiben. Das bedeutet, dass sich die isländische Welt noch in der zweiten Hälfte des 19.

---

[36] Jónas Kristjánsson (1970, S. 95): „Copenhagen has since been the chief centre for the study and publication of ancient Icelandic manuscripts by collaboration between Danish and Icelandic scholars."

Jh.s des mittelalterlichen Mediums der handschriftlichen Textvervielfältigung bediente. Der markanteste Unterschied dabei war es wohl, dass dies nicht mehr von Mönchen, sondern von Laien ausgeführt wurde. Das Fortleben der Handschriftenproduktion ist mit der Tatsache verbunden, dass über Jahrhunderte im Lande eine einzige Druckerpresse existierte und diese von der Kirche fast ausschließlich für religiöse und Erbauungsliteratur in Anspruch genommen wurde.[37] Zur Zeit Maurers hatten sich die Druckerpressen inzwischen vermehrt; er erwähnt u. a. eine eher dürftig ausgestattete Druckerei im Nordland (36/3, S. 247) und außerdem die Stelle, an der die erste Buchdruckerei in Hólar ursprünglich gestanden hatte, die zu dem Zeitpunkt nach Reykjavík verlagert worden war:

> Im Herausgehen aus der Kirche wurde mir noch der Ort gezeigt, [...]; auch wurde ich darauf aufmerksam gemacht, daß die *prentsmiðja*, die erste Buchdruckerei der Insel, welche in der jetzigen Stiftsdruckerei zu Reykjavík forterhalten ist, vordem gerade an derselben Stelle gestanden habe, wo jetzt die *hlaða* steht. (43/4, S. 285)

Doch spricht die beeindruckende Produktion neuer Manuskripte eindeutig für den hohen Stellenwert, den die Isländer der heimischen Literatur beimaßen. Das Verwunderliche dabei ist zudem, dass die Textüberlieferung nicht im akademischen Milieu verankert war, sondern in den verschiedenen Schichten der Bevölkerung verbreitet war, die nicht zwangsläufig eine höhere Bildung genossen hatten.

---

[37] Die erste davon wurde um 1530 vom letzten katholischen Bischof Jón Arason (1484–1550) ins Land eingeführt und nach seiner Ermordung, 1550, zum Bischofssitz nach Hólar verlegt, womit Bischof Guðbrandur Þorláksson (1541–1627) in den Anfängen des Buchdrucks auf Island etwa 100 Bücher fast ausschließlich religiösen Inhalts drucken ließ; die zweite wurde in Hrappsey am Breiðafjörður in der Zeit von 1773–1794 betrieben, und dort wurden zum ersten Mal auf Island auch Werke säkularen Inhalts produziert (dazu siehe Böðvar Guðmundsson u. a. 1993, S. 394 f. sowie 398–407).

Nach der Schließung der Klöster ab 1551 (38/2) blieben nämlich lediglich die beiden Domschulen übrig, die an dem jeweiligen Bischofssitz angesiedelt waren. In Folge der Reformation wurden sie mit der Auflage, die lutherische Lehre zu verbreiten, jeweils 1552 und 1553 neugegründet und standen bis Ende des 18. Jh.s für die Ausbildung von angehenden Priestern und der wohlhabenden Elite des Landes zur Verfügung. Aus ökonomischen Überlegungen heraus wurden dann 1801 sowohl der inzwischen ‚unwirtschaftliche' Bischofssitz von Hólar als auch die dazu gehörende Schule niedergelegt. Das führte dazu, dass im 19. Jh. nur eine offizielle Schule in ganz Island existierte.

Was das Schulwesen betrifft, geht Maurer eher indirekt darauf ein (IX/4), indem er erklärt, dass die nun einzige Schule des Landes (an den Bischofssitz von Skálholt geknüpft) zusammen mit diesem als Folge eines verheerenden Erdbebens von 1783 nach Reykjavík verlegt wurde. Kurze Zeit später wurde sie erneut verlegt, diesmal nach Bessastaðir, südlich von Reykjavík, „um erst im Jahre 1846 endgültig nach Reykjavík zurückzukommen" (X/1, S. 48).[38] Obwohl es nur diese eine offizielle Schule gab, genoss Bildung wohl ein hohes Ansehen: Der Besitz einer Bibliothek bzw. wertvoller Handschriften erfüllte offensichtlich Isländer mit Stolz. Der Bücherbesitz scheint ein Maßstab bei der Beurteilung von Menschen gewesen zu sein; so wird über síra Benedikt Vigfússon erzählt, er sei „der reichste Mann der Insel und im Besitze einer der besten Bücher- und Handschriftensammlungen auf derselben" (42/3, S. 279), und weiter, „er [liege] auf seinen Büchern wie ein Wurm auf seinem Golde". Die Bibliothek befand sich in Hólar und ganz konkret in dem Dachstuhl der Kirche.

Während Maurer den Fokus ganz auf die Handschriften und die einheimische Literatur legt, berichtet ein anderer ‚Island-

---

[38] Über das Schulwesen und die Kulturzentren der Insel in der Frühneuzeit siehe Bauer 2015, insbes. S. 436 ff.

Fahrer', der Brite Henry Holland, der 1810 an einer kürzeren Expedition nach Island teilnahm, von den zahlreichen ausländischen, vorwiegend englischen Büchern, die sich in den Haushalten befanden.[39] Dies stellt ein gutes Beispiel dafür dar, wie selektiv und subjektiv jeder Bericht ist und wie jedes Ereignis anhand der Intention des jeweiligen Autors – bewusst oder unbewusst – gefiltert wird.

Die Bedeutung der literarischen Werke und ihre Kenntnis auch unter den weniger Gebildeten wird im Bericht wiederkehrend hervorgehoben. Damit sind nicht nur die mittelalterlichen Sagas gemeint, sondern auch das Weiterleben einer folkloristischen Tradition, die vorwiegend in der Mündlichkeit Ausdruck fand (diese wie andere literarische Erscheinungen scheinen „vielfach mehr dem Gedächtnisse als der Schrift zu vertrauen", 44/2, S. 289). Vermutlich durch die Arbeit der Brüder Grimm inspiriert und insbesondere die Lehrveranstaltungen von Jacob Grimm in Berlin, erwachte auch in Maurer ein ausgeprägtes Interesse an Volkssagen und Märchen, das zunächst in einem Aufsatz zu Schneewittchen (1857) Form annahm. Ein solches Interesse ließ sich auf Island vertiefen, wo Maurer die Gelegenheit nutzte, durch die Vermittlung der Lokalbevölkerung Aufzeichnungen zahlreicher Sagen anzufertigen. Seine Aufmerksamkeit richtete sich auf zwei Gebiete gleichermaßen, die jeweils im schriftlichen Wort (d. h. Saga-Handschriften) bzw. in der mündlichen Kommunikation (Volkssagen) gründen. Da Volkssagen[40] mit der Landschaft eng verbunden und in bestimmten Regionen verankert sind, bot der Blick auf

---

[39] Vgl. Wawn 1987, S. 32 f.
[40] Laut *Enzyklopädie des Märchens* (→ Volkserzählung) steht die Bezeichnung ‚Volkserzählung' als Oberbegriff für zahlreiche Erzählgattungen der Volksüberlieferung, die voneinander auch erheblich abweichen können. Der Terminus unterstreicht die allen Untergattungen gemeinsame Modalität der Tradierung, nämlich das mündliche Erzählen, lässt allerdings weitere wichtige Aspekte der Erzählformen zu. Die Volkssage positioniert sich dabei auf die Seite einer eher realistischen und orts- sowie zeitgebundenen Erzählweise.

die jeweilige Gegend in den verschiedenen Etappen der Reise und der Umgang mit den Einheimischen, den Maurer währenddessen intensiv pflegte, die Gelegenheit, vieles zu erfahren. Höhlen waren angeblich in der jüngeren Vergangenheit des Landes von Räubern und Geächteten bewohnt gewesen, von denen man einiges zu erzählen wusste. Auch sonst ist die ‚Ausbeute' an Volksüberlieferung überaus reich und zufriedenstellend. Das Sammeln und Niederschreiben der Erzählungen, die er nur dank dem direkten Kontakt mit den Einheimischen imstande gewesen war kennenzulernen, wurden hinterher anhand seiner Reiseaufzeichnungen systematisiert und ins Deutsche übersetzt. Bereits 1860, kurz nach seiner Rückkehr, erschien in Leipzig die Sammlung, die den Titel *Isländische Volkssagen der Gegenwart, vorwiegend nach mündlicher Überlieferung gesammelt* trug; zu diesem Zeitpunkt war diese die erste größere Veröffentlichung isländischer Sagen in deutscher Sprache. Im Vorwort der Edition hebt Maurer die Selbständigkeit der Erzählungen hervor, die aufgrund der „Abgeschiedenheit des Landes von allem Weltverkehr"[41] ihre Ursprünglichkeit beibehalten haben. In seiner stark idealisierenden Haltung rekonstruiert Maurer die Bedingungen, unter welchen sich die mündliche Tradition besser als anderswo in Europa halten konnte, nämlich dort, wo die langen Winterabende „bei der geringen Entwicklung der industriellen Betriebszweige zum Erzählen und Hören ebensowohl als zum Lesen reichlich Zeit gewährten".[42]

Ein Aspekt, der offensichtlich noch im 19. Jh. nachzuspüren war, ist die Ausübung von Zauber und Magie. Diesem auf Island durchaus ausgeprägten Phänomen, wovon zahlreiche Handschriften der Frühneuzeit Zeugnis ablegen,[43] begegnete Maurer auf der Reise in Form von Erzählungen (Volkssagen) und Gegenständen, wie

---

[41] Maurer 1860, S. VI.
[42] Maurer 1860, S. VI.
[43] Siehe Bauer (im Druck) über die Überlieferung von sog. *galdramyndir* (‚Zauberfiguren').

beispielsweise ein Thors Hammer, der angeblich der Überführung von Dieben galt (45/3, S. 494 f.). All dies diente als Inspirationsquelle für seine folkloristische Sammlung.

Nicht nur für die Edition seiner Volkssagen setzte sich Maurer ein, sondern er half auch Jón Árnason bei der Ausgabe der *Þjóðsögur og ævintýri*. Es war, wie man aus dem Vorwort weiß, vor allem der Aufmunterung Maurers zu verdanken, dass Jón Árnason die Sammlung von Volkserzählungen fortsetzte, nachdem von den anfangs von ihm und Magnús Grímsson gesammelten Geschichten nur eine kleine Probe 1852 im Druck erschienen war und die beiden kaum eine Möglichkeit sahen, eine große Sammlung zu veröffentlichen. Maurer nahm sich schon sehr bald der Sagen und Märchen von Jón Árnason an: Zwei Wochen nach seiner Ankunft in Reykjavík trafen sie sich am 12. Mai allem Anschein nach zum ersten Mal zu einem längeren Gespräch und am 23. Mai schrieb er in sein Tagebuch:

> Abends bei Jón Arnason, der mir über die katholische Mission gute Notizen gibt; Gespräch mit ihm über einen Versuch, zu seinen *æfintýri* und Liedern einen Verleger in Deutschland zu finden oder doch einzelne Stücke in die [Zeitschrift] Germania zu bringen.

Bereits zu diesem Zeitpunkt muss sich Maurer also fest entschlossen haben, für diese Edition eine Publikationsmöglichkeit in Deutschland zu finden. Aber sein Einfluss ging noch viel weiter; Jón Árnason betont selbst, dass auf Maurer im Wesentlichen auch die Gliederung der beiden Bände und die Aufteilung in die verschiedenen Kategorien von Märchen und Sagen zurückgeht, und Jón Árnasons Briefen an Maurer kann man entnehmen, an wie vielen Stellen Maurer auch in Detailfragen bestimmend war. In der Druckhandschrift der Sammlung, die mit einem Teil des Nachlasses Maurers in die Bayerische Staatsbibliothek in München gelangt ist, kann man deutlich auch die Spuren der Mitarbeit beobachten.

Nach seiner Rückkehr aus Island war es Maurer tatsächlich gelungen, seinen Leipziger Verleger Hinrichs dafür zu gewinnen, die beiden umfangreichen isländischen Bände Jóns in den Jahren 1862 und 1864 herauszubringen. Den Zweck seiner eigenen Sammlung (*Isländische Volksagen der Gegenwart*), die 1860 im gleichen Verlag erschienen war, beschreibt er in einem Brief vom 22. 12. 1859 an Jón Sigurðsson folgendermaßen:

> Die Sammlung erscheint in deutscher Sprache, und ist großentheils aus mündlichen Erzählungen geschöpft, wie ich solche voriges Jahr zusammengetragen habe; auf gelehrtes Verdienst soll die Arbeit keinen Anspruch machen, dagegen aber hoffentlich bei unserem deutschen Publikum das Interesse für Isländische Dinge etwas wecken helfen. Nebenbei meine ich, soll das Büchlein auch dazu dienen, der umfassenderen Sammlung, welche Jon Arnason demnächst im Verlage meines Leipziger Verlegers erscheinen lassen will, den Weg zu bereiten.

Entsprechend der grundlegenden Haltung Maurers, den Isländern immer etwas Positives abzugewinnen,[44] wird das lebendige geistige Leben im Lande in der Frühneuzeit herausgestellt: Einige Gebiete, wie Rechtsstudien, Annalen und Geschlechtsregister seien nach wie vor zu verzeichnen, doch einem ausländischen Publikum u. a. aufgrund der Sprache und der Unzulänglichkeit meist unbekannt.

> Der Jurist wird in isländischen Bibliotheken mancherlei Abhandlungen über ältere und neuere Gesetze sowie über mancherlei schwierige Rechtsfragen und Rechtsinstitute finden (Zehnt, *Kúgildi* etc.); der Historiker reiche Sammlungen verschiedentlicher Annalen, Verzeichnisse der Bischöfe, Pröpste und Pfarrer, der *lögmenn* und Amtleute,

---

[44] Hier kann man sich fragen, ob ein solches Urteil nicht stark einer ideologischen Haltung verschuldet ist oder in der Tat auf einer faktischen Beobachtung gründet.

der Sysselmänner etc. der Insel, ja mit kürzeren oder längeren Personalnotizen ausgestattet, ausführliche Geschlechtsregister über einzelne angesehenere Häuser, und dergleichen mehr. (44/3, S. 289)

Doch muss auch der Island-Enthusiast Maurer erkennen, dass durch äußere Faktoren, wie die Isolierung des Landes und das unterentwickelte Schulsystem, die neuere isländische Literatur eher einen „sehr ausgeprägten dilettantischen Charakter" im Vergleich zur europäischen aufzuweisen hatte:

> In einer Beziehung freilich macht sich, wie in der neueren isländischen Literatur, so auch in der Anlage der Bibliotheken isländischer Bücherfreunde die Isolierung des Landes unliebsam fühlbar; alles trägt hier wie dort, von wenigen, seltenen Ausnahmen abgerechnet, einen sehr ausgeprägt dilettantischen Charakter, mehr auf Vielwissen als ernstaft, gründliches, kritisches Wissen gerichtet, zeigen beide vielfach einen unsicheren, auch wohl unpraktischen Charakter, und stehen keineswegs immer auch nur annähernd auf der Höhe unserer Zeit im übrigen Europa. Es ist dies ein Fehler, den im Augenblicke alle Tüchtigkeit des Volkes nicht ausgleichen kann, der sich aber von selber geben wird, sowie durch regeren und ausgebreiteteren Verkehr mit dem Auslande einerseits der Blick und der Geldbeutel der Isländer sich erweitert, andererseits auch die übrigen Völker sich gewöhnen, die Insel, wie sich gebührt, zu den Kulturländern zu rechnen und ihrer Literatur aus neuerer wie aus älterer Zeit die Aufmerksamkeit zuzuwenden, die sie so reichlich verdient. (44/3, S. 290)

2.3 Island im 19. Jahrhundert

Die Islandreise bedeutet für Maurer ohne Zweifel eine Zäsur. In seinen Arbeiten *vor* der Reise beschäftigte er sich in erster Linie mit Fragen der älteren Literatur und Geschichte und mit dem Recht in altnordischer Zeit. *Nach* der Reise bekamen für ihn Erscheinungen der jüngsten Zeit eine viel stärkere Bedeutung, und wenn später sein Haus in München zu einem Treffpunkt für hier lebende oder durchreisende Skandinavier wurde, so lag dem gerade dieses veränderte Interesse zu Grunde. In der Reisebeschreibung spricht er dies offen aus:

> Indeßen gestehe ich gerne, daß diese antiquarischen Merkwürdigkeiten keineswegs das Einzige, oder auch nur das Hauptsächlichste waren, was mich nach Island zog. Über der Beschäftigung mit der alten Sagenzeit war ich nothgedrungen auch mit manchen späteren Producten der Isländischen Litteratur bekannt geworden, & hatte bei dieser Gelegenheit die überraschende Bemerkung gemacht, daß das geistige Leben der Insel keineswegs, wie man gewöhnlich anzunemen pflegt, im 14. Jhdt. mit einem Schlage erstorben, daß daßelbe vielmehr bis auf die Neuzeit herunter, wenn auch in wechselnder Stärke & mehrfach verminderter Bedeutung, sich kräftig erhalten, ja sogar in denjüngsten Zeiten einen sehr erfreulichen & beachtenswerthen neuen Aufschwung genommen habe. [...] Endlich hatte ich auch Veranlaßung gefunden die neueren Verfaßungskämpfe der Isländer mit Dänemark einigermaßen kennen zulernen, [...]. Die späteren Geschicke, die neuesten Kämpfe des so wenig gekannten Landes & Volkes begannen mir kaum minder interessant zu werden als die im Ausland zumeist allein beachtete Sagenzeit. (S. 4)

Der eigentliche Anstoß zu Maurers Islandreise zeigt diese Entwicklung ganz deutlich. Es wurde bereits mehrmals darauf hingewiesen, dass es in der Mitte des 19. Jh.s zu einer heftigen Auseinandersetzung um die neue Verfassung Dänemarks und die staatsrechtliche Stellung Islands kam. Der Streit hatte eine lange Vorgeschichte und schwerwiegende Konsequenzen. Im Gegensatz zu den meisten anderen Ländern Europas hatte das etwa vom 9. Jh. an vorwiegend von Norwegen aus besiedelte Island keinen König oder Fürsten und keine öffentliche Verwaltung gehabt. Die einzige zentrale Institution war die 930 eingerichtete Thingversammlung, das ‚Allthing', das sowohl judikatorische als auch legislative Funktion besaß. Nach heftigen Auseinandersetzungen gab Island 1262/1264 seine Unabhängigkeit mit einer *gamli sáttmáli* (‚der alte Vertrag') genannten Vereinbarung auf und unterwarf sich der norwegischen Krone, freilich unter der Bedingung, dass es seine Unabhängigkeit wieder erhalten sollte, wenn die Gegenseite nicht bestimmte Punkte des Vertrags erfüllte.

Doch hatte sich die Lage im 19. Jh., zu Maurers Zeit, völlig geändert. Bereits im 14. Jh. hatte sich Dänemark Norwegen (und damit auch Island) sowie für eine kürzere Zeit Schweden einverleibt. 1602 wurde der Islandhandel monopolisiert und von der dänischen Krone wahrgenommen, die ihn jedoch öfter an Privatpersonen oder Gesellschaften (etwa auch die Hanse) gegen entsprechende Zahlungen vergab. 1662 führte Dänemark die absolute Monarchie ein, was die wirtschaftliche Ausbeutung und die allgemeine Unterdrückung des Volkes noch verstärkte.

In einem Bereich hatte Island allerdings eine Sonderstellung inne: hier waren vom späten Mittelalter an zahlreiche literarische, rechtliche, historische und pseudohistorische Werke entstanden, die zu einem großen Teil auch die frühe Geschichte Dänemarks, Schwedens und Norwegens behandelten. Die altisländische Literatur war damit eine unentbehrliche Quelle für das Selbstverständnis dieser Länder, und deshalb entstanden in Schweden, ganz besonders aber in Dänemark große Sammlungen isländischer Literatur. Zu deren Verständnis und Interpretation brauchte man aber – allein aus Gründen der Sprache – isländische Gelehrte. Da Island keine Universität hatte, war vor allem Kopenhagen das Zentrum für die wissenschaftlich und literarisch besonders interessierten, in der Regel aber auch besonders selbstbewussten Isländer. Besonders aktiv und angesehen war dabei der in mehrfacher Funktion tätige Jón Sigurðsson (1811–1879).

Im Jahre 1800 wurde das inzwischen völlig bedeutungslos gewordene isländische Allthing, das immer noch auf dem alten Thinggelände abgehalten wurde, von dänischer Seite abgeschafft. Wenig später traten allerdings Ereignisse ein, die zu einer territorialen Neuordnung der nordischen Länder führte. Dänemark musste 1814 im sog. Kieler Frieden (14.1.1814) Norwegen aus seinem Reich abgeben und an Schweden abtreten. Die Gebiete, die Dänemark im Laufe der Zeit in seinen Besitz gebracht hatte, nämlich Island, die Färöer und Grönland, waren allerdings davon nicht betroffen.

Im Jahr 1849 wurde zwar ein neues Grundgesetz für Dänemark erlassen, aber dessen Anwendung war auf Island umstritten. Die Diskussion kulminierte in Aufsätzen von Jón Sigurðsson und dem Rektor der Universität Kopenhagen J. E. Larsen, in die Konrad Maurer auf eine Bitte von Jón Sigurðsson im Oktober 1856 mit drei Artikeln in der *Augsburger Allgemeinen Zeitung* eingriff. Damit verließ er das ihm vertraute Gebiet der alten Rechtsgeschichte und griff eine ganz aktuelle Frage der politischen Gegenwart auf. Es war sicherlich ungewöhnlich, dass man für die Lösung eines wichtigen aktuellen Verfassungsproblems vor allem Argumente benutzte, die sechs Jahrhunderte früher entwickelt wurden.

Diese vorwiegend jungen Isländer in Kopenhagen, die eine Änderung der verfassungsmäßigen Stellung Islands anstrebten, waren jedoch keineswegs alle der gleichen Meinung, was die Art des Widerstandes anbelangte: Während Jón Sigurðsson und einige andere für ein pragmatisches Vorgehen eintraten und das 1845 wiederbelebte Allthing in Reykjavík einrichten wollten, strebten andere, wie etwa der romantische Dichter Jónas Hallgrímsson danach, das Allthing auf dem alten Thinggelände wiederzubeleben. Diese Gegensätze werden in Maurers Darstellung zwar sichtbar, doch keineswegs besonders hervorgehoben. Er interessierte sich offensichtlich für die ganze zeitgenössische Gesellschaft. Aufmerksam beobachtet er die wirtschaftliche und politische Lage, sodass die Reisebeschreibung an manchen Stellen einer Ökonomielehre gleicht.

Neben der unmittelbaren Beobachtung bilden die Amtsbücher der verschiedenen Amtsleute eine Hauptquelle für ihn. Öfter erwähnt er, dass er tagelang die unterschiedlichen Amtsbücher durcharbeitete. Überdies benutzte er in erheblichem Umfang aktuelle Fachliteratur, die man ihm zur Verfügung stellte oder auch zum Geschenk machte. Vermutlich sah er darin auch eine Möglichkeit, die wirtschaftlichen Leistungen der Isländer zu fördern, sodass sie die schweren Folgen des erst kurz vorher abgeschafften Handelsmonopols der Dänen überwinden konnten. Man hat den Eindruck, dass dies einer der Gründe dafür ist, dass Maurer derartig ausführlich und ins Detail gehend etwa die Verwertung der Eiderdaunen behandelt, und zwar sowohl in Bezug auf die Praxis des Sammelns wie im Hinblick auf die wirtschaftlichen Aspekte.

Dabei ging es dem Autor nicht darum, eine systematische Beschreibung der Lage zu bieten. Seine Stärke ist die genaue Einzelbeschreibung aus sorgfältig wiedergegebener eigener Beobachtung. Erst aus zahllosen Schilderungen und sehr individuellen Darstellungen ergibt sich ein geschlossenes Bild.

Wie Abgelegenheit, Einsamkeit und Elend anschaulich gemacht werden, soll ein Beispiel von der Insel Grímsey zeigen, der nördlichsten, direkt am Polarkreis gelegene und der Hauptinsel vorgelagerten Insel:

> Zu diesem primären Elend, welches behagliche Einrichtung, Versorgung mit Büchern etc. ausschließt, kommt die

völlige Isolirung hinzu: Séra Guðmundr Jónsson, der 3
Jahre auf Grímsey gedient hatte, erzählte mir in ergrei-
fendster Weise, wie sehnsuchtsvoll er jeden Tag im Früh-
jahre am Strande auf und abgegangen sei, um zu sehen ob
nicht endlich irgendein Schiff oder Boot aus der See oder
vom Lande kommend, zu erspähen sei; auch im Sommer
aber ist der Verkehr gering. (37/2, S. 251)

Durch sein Engagement im Verfassungsstreit für die Unabhängigkeit Islands hatte er enge Kontakte mit zahlreichen Intellektuellen des Landes aufgenommen. Dadurch gewann er auch einen
Einblick in die Gesellschafts- und Verwaltungsstruktur des Landes,
die naturgemäß in den Jahrhunderten unter dänischer Herrschaft
verändert worden war. Der Leser erfährt davon in der Regel durch
die Erwähnung der verschiedenen Ämter, doch nicht durch eine
systematische Darstellung. Gängige Bezeichnungen sind *landfógeti*
('Landvogt'), *sýslumaður*[45] ('Bezirksverwalter') und *hreppstjóri*[46]
('Gemeindevorsteher'). Im 19. Jh. hatte sich bereits seit einigen
Jahrhunderten der dänische Verwaltungsapparat etabliert, der mehr
oder weniger vollständig vom König abhing. Unter den ersten
absolutistischen Königen war Island zu einer regelrechten Kolonie,
sog. *stiftamt*, innerhalb des dänischen Reiches geworden. Über das
Schicksal des Landes wurde in Kopenhagen bestimmt, was dazu
führte, dass die Isländer das Recht auf die selbständige Vergabe von

---

[45] Dieses Amt wurde bereits im 13. Jh. (ab 1268) unter norwegischer Herrschaft
etabliert. *Sýslumenn* waren eine Art Jarle und gehörten zum königlichen Gefolge.
In der Anfangsphase war es ein einziger Mann oder nur eine Handvoll, auf das
ganze Land verteilt; ihre Aufgabe bestand in erster Linie darin, Tribute für die
Krone einzutreiben bzw. Richter zu ernennen und die Strafen für die Verurteilten
zu vollziehen. Nach der Eingliederung Islands in das dänische Reich wuchs die
Zahl der Bezirke (isl. *sýslur*) und mit ihnen die Anzahl der Bezirksverwalter: Waren es Mitte des 16. Jh. 16, wurden die Anzahl kurz darauf auf 21 erhöht. Zunächst
handelt es sich um ein auf drei Jahre befristetes Amt, das allerdings mit der Zeit zu
einem Beruf auf Lebenszeiten wurde. Siehe dazu Einar Laxness 1995/3, S. 83–87.
[46] Je nach Größe einer Gemeinde (isl. *hreppa*) wurden drei bis sieben Vorsteher zu
einem bestimmten Zeitpunkt im Jahr gewählt. Zur Entwicklung dieses Amtes seit
dem Mittelalter bis zur Moderne siehe u. a. Einar Laxness 1995/1, S. 208–210.

Ämtern verloren: Amtsträger waren in der ersten Phase fast ausschließlich Dänen, mit der Zeit jedoch überwiegend Isländer, die vom König dazu berufen wurden. Einem Landvogt, der als vom dänischen König eingesetzter Verwalter wirkte, unterstanden sowohl Ombudsmänner (isl. *umboðsmen*)[47] als auch Bezirksverwalter (isl. *sýslumenn*); sie alle wurden ebenfalls direkt vom König gewählt. Unter jedem von ihnen standen einige Gemeindevorsteher (isl. *hreppstjórar*), die zusammen mit den Gemeindepfarrern einen direkten Kontakt zur Bevölkerung hatten. An der der Spitze des Apparats befand sich eine Art Regent (isl. *stiftamtmaður*), der höchste Vertraute des Königs, der in seinem Namen das Land regierte. Bis 1770 kam der Landvogt allerdings nicht einmal kurzzeitig nach Island und hatte seinen festen Sitz in Kopenhagen. Erst ab Ende des 18. Jh. fingen die Amtsträger an, auf der Insel zu residieren und wohnten bis 1804 in Bessastaðir, danach in Reykjavík.[48]

Wenn es um die Darstellung des Landes im 19. Jh. geht, ist der Tenor des Reiseberichts meist anklagend gegenüber den Dänen und umso entgegenkommender den Isländern gegenüber, die in Maurer einen großen Befürworter fanden. So wird Akureyri als nicht ansprechend empfunden, weil es „zur größeren Hälfte Dänisch" war und es „die oberflächliche Dänische Weise"[49] noch

---

[47] Ombudsmänner waren in erster Linie mit der Verwaltung der Eigentümer der Klöster betraut, die nach der Reformation allesamt in Besitz der Krone gelangten, sodass die Amtsträger auch als klausturhaldarar bezeichnet wurden. Diese Eigentümer wurden über eine längere Zeit vom restlichen Bodenbesitz getrennt verwaltet; erst Ende des 18. Jh.s sank die Anzahl der Ombudsmänner als Folge des massiven Verkaufs von Grundbesitz an Private. Siehe dazu Einar Laxness 1995/3, S. 97.
[48] Bis zum 15. Mai 1770 war Island verwaltungstechnisch in zwei Regionen aufgeteilt: ein südwestliches Gebiet (Suður- og Vesturamt) unter der direkten Kontrolle des stiftamtmaður bzw. ein nordöstliches (Norður- og Austuramt) von einem besonderen Beamten (sérstakur amtmaður) gesteuert. Siehe dazu Einar Laxness 1995/1, S. 37–39.
[49] Jeweils in den Einträgen vom 26. Juli.

mehr als in der Hauptstadt zur Schau stellte. Mit keinem Wort würdigt Maurer seine Hauswirtin in Reykjavík, vermutlich weil sie „eine danisirte Isländerin" war. Abgesehen von den zahlreichen Bauern, die ihm auf seinem Ritt begegneten, kam Maurer in näheren Kontakt mit zahlreichen Geistigen, die allesamt mit dem Titel *síra* angesprochen werden. Darunter befanden sich Gemeindepfarrer (*prestar*) als auch Pröpste (*prófastar*)[50]; sie gehörten zur Mittelschicht, genossen in der Regel eine schulische Ausbildung und waren oft in Besitz von Büchern, was an sich Grund genug war, sie besuchen zu wollen. Sowie Gemeindevorsteher pflegten auch die Pfarrer einen engen Kontakt zur Bevölkerung ihres Gebiets und waren in der Lage, dem wissbegierigen Reisenden über vieles Auskunft zu geben. Sie scheinen zudem sehr gut vernetzt gewesen zu sein und ihre Höfe waren oft Treffpunkt der lokalen ‚Prominenz', wo Maurer Gelegenheit bekam, seinen Bekanntenkreis weiter auszubauen.

Durch solchen direkten Kontakt mit den verschiedenen Schichten erfuhr er auch von ganz aktuellen Naturkatastrophen bzw. Epidemien, wie beispielsweise der Schafseuche (isl. *fjárkláði*), die sich zur Zeit der Reise gerade ausbreitete. Das trug freilich dazu bei, die Wirtschaft erheblich zu schwächen und die Bevölkerung in eine missliche Lage zu versetzen. In einer bäuerlichen Gesellschaft wie es die isländische zu diesem Zeitpunkt war, war dieses Thema sehr brisant. Deswegen ist es nicht weiter verwunderlich, dass Maurer an mehreren Stellen darauf zu sprechen kommt. Diesbezüglich regte er in Briefen an Jón Sigurðsson sogar Untersuchungen am Münchener Veterinärwissenschaftlichen Institut an und überlegte auch, ob es zweckmäßig wäre, junge isländische Landwirte zur Ausbildung in Schafzuchtgebiete Nordbayerns zu bringen.

Aus Maurers Schriften nach seiner Reise – besonders aber aus Berichten von Kollegen und Bekannten – wird deutlich sichtbar,

---

[50] Dazu Einar Laxness 1995/3, S. 190–192.

dass Island für ihn ab diesem Zeitpunkt etwas ganz anderes bedeutete als vor der Reise. Wenn sein Haus in der Münchener Schellingstraße v. a. für Besucher aus Skandinavien offen war, so doch in ganz besonderem Ausmaß für Isländer.

Als in den neunziger Jahren die damalige isländische Staatspräsidentin Vigdís Finnbogadóttir zu einem offiziellen Besuch in München weilte, erklärte sie in ihrer Rede, Konrad Maurer sei der größte Freund, den Island jemals im Ausland besessen hat. Und als man in Island erfuhr, dass Konrad Maurers Grab auf dem Alten Südfriedhof kaum zu finden sei, bedeckt von einer schäbigen, geborstenen Betonplatte, überwachsen von Moos, da beschlossen private Kreise, für Maurer ein würdiges Grabmal zu stiften. Es gelang, die Genehmigung für die Errichtung dieses Grabmals auf dem seit langem denkmalgeschützten Friedhof zu erhalten, und die isländischen Spender sandten das aus drei unbehauenen Basaltsäulen bestehende Grabmal nach München. Dieses wurde am 29. April 1998 zu Maurers 175. Geburtstag unter Anwesenheit des isländischen Kultusministers und des isländischen Botschafters, des Präsidenten der Bayerischen Akademie der Wissenschaften, Vertreter der Ludwig-Maximilians-Universität und der Stadt München sowie zahlreicher Gäste, darunter Maurers Nachkommen, feierlich errichtet. Es trägt eine Inschrift in deutscher und isländischer Sprache:

> Dem Erforscher des nordischen Altertums
> Dem Förderer isländischer Freiheit
> Dem Freunde Islands
>
> Brautryðjandi á sviði norrænna fornfræða,
> frumkvöðull í frelsisbaráttu Íslendinga,
> velgjörðarmaður Íslands.

Literaturverzeichnis

Primärliteratur

Magistri Adam Bremensis. Gesta Hammaburgensis Ecclesiae Pontificum. Editio tertia (Rerum Germanicarum in Usum Scholarum ex Monumentis Germaniae Historicis separatim editi), hg. von Bernhard Schmeidler. Hannover / Leipzig 1917.
Adams von Bremen. Hamburgische Kirchengeschichte. Nach der Ausgabe der Monumenta Germaniae, übers. von J. C. M. Laurent. Mit einem Vorworte von J. M. Lappenberg. Zweite Auflage, neu bearbeitet von W. Wattenbach (Geschichtschreiber der deutschen Vorzeit 4). Leipzig 1893.
Anderson, Johann. Nachrichten von Island, Grönland und der Straße Davis, zum wahren Nutzen der Wissenschaften und der Handlung. Hamburg 1746.
Eggert Ólafsson und Bjarni Pálsson. Reise igjennem Island. Kopenhagen 1772.
Horrebow, Niels. Tilforladelige efterretninger om Island. Kopenhagen 1752.
Landnámabók, in: Íslendingabók, Landnámabók (Íslenzk fornrit 1.1), hg. von Jakob Benediktsson. Reykjavík 1968.
Landnámabók. Auszüge aus dem „Buch der Landnahmen", aus dem Isländischen von Klaus Böldl, in: Isländersagas. Texte und Kontexte, hg. von Klaus Böldl / Andreas Vollmer / Julia Zernack. Frankfurt a. M. 2011, S. 230–229.
C. Plinius Secundus d. Ä. Naturalis Historiae Libri XXXVII, Naturkunde Lateinisch-deutsch Buch 2 (Sammlung Tusculum), hg. und übers. von Gerhard Winkler und Roderich König. Düsseldorf / Zürich ²1997.
Saxo Grammaticus. Saxonis Gesta Danorum tomus 1. Primum a C. Knabe et P. Herrmann recensita. Recognoverunt et ediderunt J. Olrik et H. Ræder. Kopenhagen 1931.
Saxo Grammaticus. Erläuterungen zu den ersten neuen Büchern der Dänischen Geschichte des Saxo Grammaticus. Erster Teil: Übersetzung mit einer Karte, hg. von Paul Herrmann. Leipzig 1901.

Sekundärliteratur

Baetke, Walter 1943. Die Aufnahme des Christentums durch die Germanen: Ein Beitrag zur Frage der Germanbaisierung des Christentums, in: Die Welt als Geschichte 9, S. 143–166.

Baetke, Walter (Hg.) 1974. Die Isländersaga (Wege der Forschung 151). Darmstadt.

Bauer, Alessia 2015. Laienastrologie im nachreformatorischen Island. Studien zu Gelehrsamkeit und Aberglauben (Münchner Nordistische Studien 21). München.

Bauer, Alessia [voraussichtlich Anfang 2018]. Biblical magic as a manifestation of folk belief in the North, in: Faith and Knowledge, hg. von Karoline Kjesrud und Mikael Males. Turnhout.

Biró, Harmen 2011. Konrad Maurers Islandreise im Jahre 1858. Landnahme und Aufgabe [Dissertation Tübingen 11]. Deutsche Digitale Bibliothek.

Björno, Axel Anthon und Carl S. Petersen 1909. Der Däne Claudius Claussön Swart (Claudius Clavus), der älteste Kartograph des Nordens, der erste Ptolemäus-Epigon der Renaissance. Eine Monographie. Innsbruck.

Böðvar Guðmundsson u. a. 1993. Íslensk bókmenntasaga 2. Reykjavík.

Böldl, Klaus u. a. 2011. Isländersagas. Texte und Kontexte. Frankfurt a. M.

Brenner, Peter J. (Hg.) 1989. Der Reisebericht. Die Entwicklung einer Gattung in der deutschen Liteatur (suhrkamp taschenbuch 2097). Frankfurt a. M.

Einar Laxness 1995. Íslands saga. 3 Bde. Reykjavík.

Ehrensvärd, Ulla 2006. The History of the Nordic Map: from Myth to Reality. Helsinki.

Gödel, Vilhelm 1897. Fornnorsk-isländsk litteratur i Sverige 1. Stockholm.

Gunnar Karlsson 2005. Þingstaðr, in: Reallexikon der Germanischen Altertumskunde 30. Zweite, völlig neu bearbeitete und stark erweiterte Auflage, 37 Bde. Berlin / New York, S. 473–478.

Gschwantler, Otto 1976. Bekehrung und Bekehrungsgeschichte, in: Reallexikon der Germanischen Altertumskunde 2. Zweite, völlig neu bearbeitete und stark erweiterte Auflage. 37 Bde. Berlin / New York, S. 175–205.

Halldór Hermannsson 1931. The Cartography of Iceland. (Islandica 21). Ithaca / New York.

Heinritz, Reinhard 1998. Andre fremde Welten: Weltreisebeschreibungen im 18. und 19. Jahrhundert (Literatura. Wissenschaftliche Beiträge zur Moderne und ihrer Geschichte 6). Würzburg.

Heitmann, Annegret 2011. ‚[A]lles öde und kahl, und somit echt isländisch'. Ein Reisebericht aus dem Jahr 1846 oder die Anfänge des Island-Tourismus, in: Journal of Northern Studies 1, S. 39–56.

Herrmann, Paul 1922. Erläuterungen zu den ersten neun Büchern der Dänischen Geschichte des Saxo Grammaticus. Zweiter Teil: Kommentar. Die Heldensagen des Saxo Grammaticus. Mit Abbildungen im Text. Leipzig.

Heusler, Andreas 1914. Die Anfänge der isländischen Saga (Abhandlungen der Preußischen Akademie der Wissenschaften, Phil.-Hist. Klasse 9). Berlin.

Höfig Verena, 2014. Finding a Founding Father: Memory, Identity, and the Icelandic 'landnám' [unveröffentlichte Doktorabhandlung Berkeley 2014].

Holm-Olsen, Ludvig 1990. Med fjærpenn og pergament. Vår skriftkultur i middelalderen. Oslo.

Íslenzkar æviskrár → Pall Eggert Ólason 1948–1952 (1–5), Jón Guðnason und Ólafur Þ. Kristjánsson 1976 (6).

Jón Árnason 1862, 1864. Þjóðsögur og ævintýri. 2 Bde. Leipzig.

Jón Guðnason und Ólafur Þ. Kristjánsson 1976. Íslenzkar æviskrár, frá landnámstímum til ársloka 1965. Reykjavík.

Jón Helgason 1965. Islandske håndskrifter og dansk kultur. Kopenhagen.

Jón Sigurðsson 1855. Om Islands statsretlige forhold. Kopenhagen.

Jónas Kristjánsson 1970. Icelandic Sagas and Manuscripts. Reykjavík.

Jørgensen, Jon Gunnar 1993. Sagaoversettelser i Norge på 1500-tallet, in: Collegium Medievale 6, S. 169–198.
Link, Manfred 1963. Der Reisebericht als literarische Kunstform von Goethe bis Heine. Köln.
Már Jónsson 1998. Árni Magnússon, Ævisaga. Reykjavík.
Maurer, Konrad 1855, 1856a. Die Bekehrung des norwegischen Stammes zum Christenthume, in ihrem geschichtlichen Verlaufe quellenmässig geschildert. 2 Bde. München.
Maurer, Konrad 1856b. Island und das dänische Grundgesetz, in: Allgemeine Zeitung vom 2., 10. und 11. Oktober 1856.
Maurer, Konrad 1857. Umlandsréttindi Íslands, in: Ný Félagsrit 16, S. 1–110.
Maurer, Konrad (Hg.) 1858. Gull-Þórir saga oder Þorsfirðinga saga. Leipzig.
Maurer, Konrad (Hg.) 1860. Isländische Volksagen der Gegenwart. Leipzig.
Maurer, Konrad 1862. Kaflar úr verzlunarsögu Íslands, in: Ný Félagsrit 22, S. 100–135.
Maurer, Konrad 1867. Ueber die Ausdrücke: altnordische, altnorwegische und isländische Sprache, in: Abhandlungen der Bayerischen Akademie der Wissenschaften 11/6, S. 455–706.
Maurer, Konrad 1870. Islands und Norwegens Verkehr mit dem Süden vom elften bis zum dreizehnten Jahrhundert, in: Zeitschrift für deutsche Philologie 2, S. 440–468.
Maurer, Konrad 1880. Zur politischen Geschichte Islands: gesammelte Aufsätze. Leipzig.
Maurer, Konrad 1891. Zur Volkskunde Islands, in: Zeitschrift des Vereins für Volkskunde 1, S. 36–53.
Maurer, Konrad 1892. Das Schneeschuhlaufen in Norwegen, in: Zeitschrift des Vereins für Volkskunde 2, S. 301–313.
Maurer, Konrad 1893. Zum Aberglauben auf Island, in: Zeitschrift des Vereins für Volkskunde 3, S. 225.
Maurer, Konrad 1894. Die Hölle auf Island, in: Zeitschrift des Vereins für Volkskunde 4, S. 256–279.
Maurer, Konrad 1895. Zur Volkskunde Islands, in: Zeitschrift des Vereins für Volkskunde 5, S. 98–100.

Maurer, Konrad 1898a. Weiteres über die Hölle auf Island, in: Zeitschrift des Vereins für Volkskunde 8, S. 452–454.

Maurer, Konrad 1898b. Das Elbenkreuz (mit Abbildung), in: Zeitschrift des Vereins für Volkskunde 8, S. 454–455.

Maurer, Konrad 1907–1938. Vorlesungen über altnordische Rechtsgeschichte. Aus dem Nachlass des Verfassers, hg. von der Gesellschaft der Wissenschaften in Kristiania. 5 Bde. Christiania.

Mundal, Else (Hg.) 1977. Saga debatt. Oslo u. a.

Páll Eggert Ólason 1948–1952. Íslenzkar æviskrár, frá landnámstímum til ársloka 1940. 5 Bde. Reykjavík.

Scior, Volker 2002. Das Eigene und das Fremde. Identität und Fremdheit in den Chroniken Adams von Bremen, Helmolds von Bosau und Arnolds von Lübeck (Orbis mediaevalis. Vorstellungswelten des Mittelalters 4). Berlin.

Schaer, Karin 2007. *...dette hidindtil saa lidet, dog mangesteds urigtig bekiendte Land.* Die Umdeutung des Islandbildes in Eggert Ólafssons Reise igiennem Island und ihr Einfluss auf die Konstruktion einer isländischen Identität im 18. Jahrhundert (Imaginatio borealis. Bilder des Nordens 13). Frankfurt a.M. u. a.

Schier, Kurt 1970. Sagaliteratur (Sammlung Metzler 78). Stuttgart.

Voigt, Vilmos 2014. Volkserzählung, in: Enzyklopädie des Märchens 14, hg. von Rolf Wilhelm Brednich. Berlin / New York, Sp. 328–332.

Wawn, Andrew (Hg.) 1987. The Iceland Journal of Henry Holland 1810 (Works 2 / 168). London.

Willhardt, Jens 2000. Island: Von der Scheußlichkeit zum Schauspiel – Bilder und Topoi in deutschen Reiseberichten (Grenzüberschreitungen 10). Trier.

Winkler, Georg 1861. Island. Seine Bewohner, Landesbildung und vulcanische Natur. Braunschweig.

Winkler, Georg 1863. Island, der Bau seiner Gebirge und dessen geologische Bedeutung. München.

Zorn, Philipp 1902. Konrad Maurer, in: Beilage zur Allgemeinen Augsburger Zeitung 249, S. 193–195.

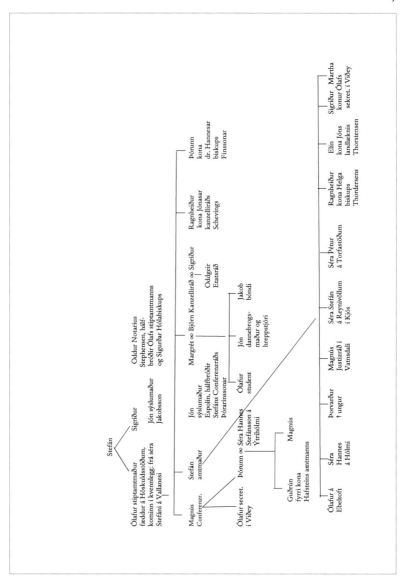

Tafel I [Beiblatt zwischen 51/4 und 52/1]

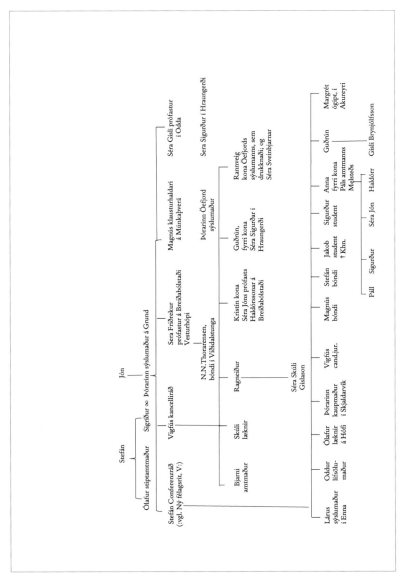

Tafel II [Beiblatt zwischen 51/4 und 52/1]

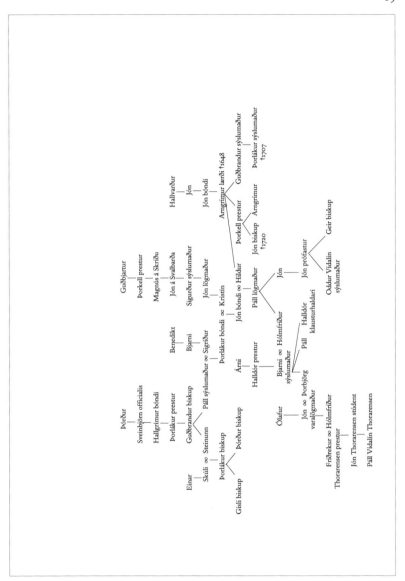

Tafel III [Beiblatt zwischen 54/2 und 54/3]

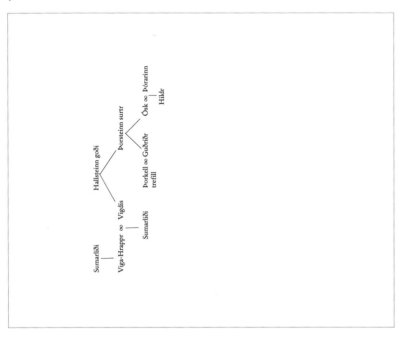

Tafel IV [zu FN 370; 56/2]

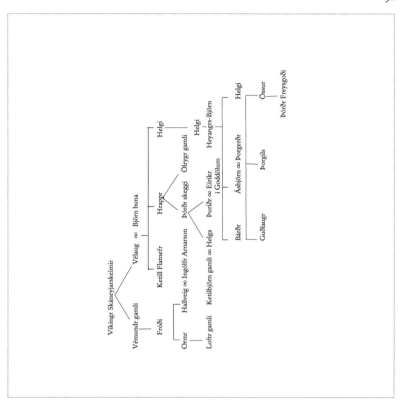

Tafel V [zu FN 377; 57/1]

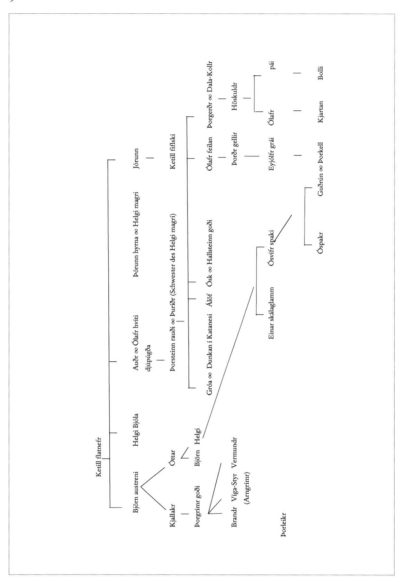

Tafel VI [zu FN 385; 65/1]

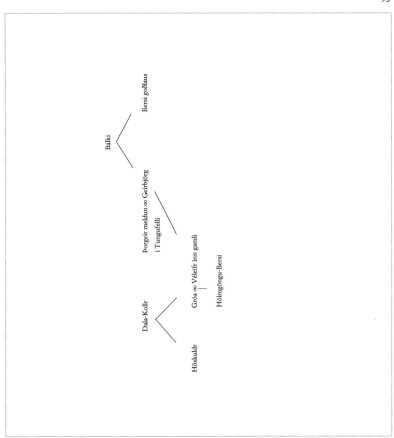

Tafel VII [zu FN 410; 59/2]

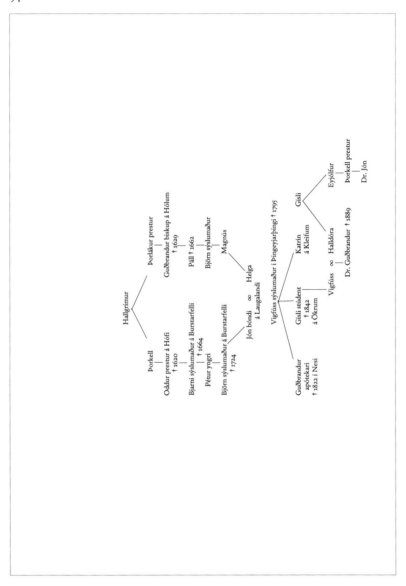

Tafel VIII [Beiblatt zwischen 59/4 und 60/1]

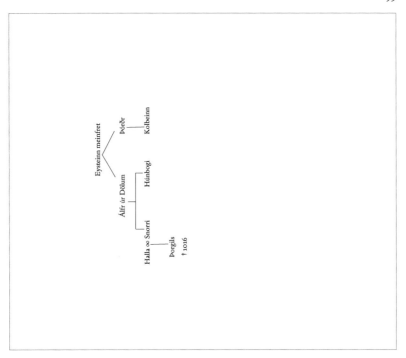

Tafel IX [zu FN 438; 60/3]

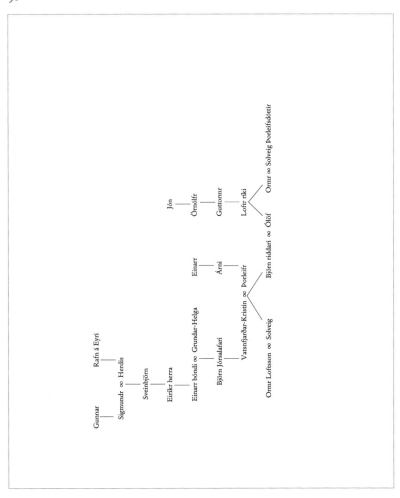

Tafel X [zu FN 439; 60/3]

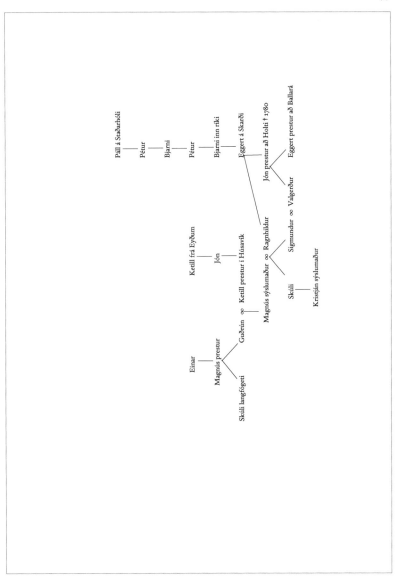

Tafel XI [zu FN 442; 60/4]

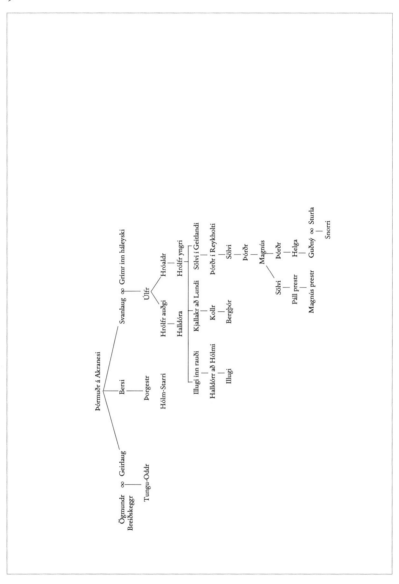

Tafel XII [zu FN 828; 83/4]

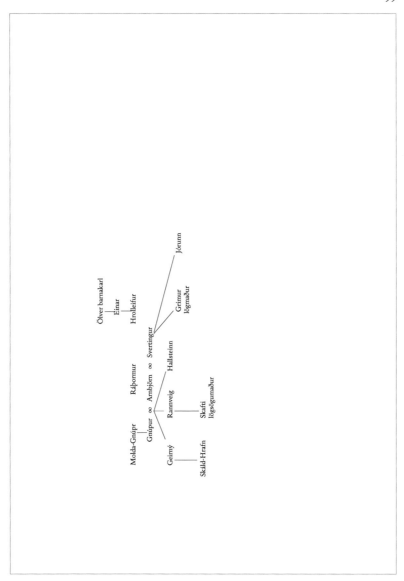

Tafel XIII [zu FN 1031; 91/3]

Personennamenregister

Zur Handhabung der Personennamen: Im Reisebericht ist die Notation der Personennamen nicht konsequent durchgeführt; die Namen werden z.T. nach der Orthographie des Altnordischen, z.T. in der modernen isländischen Schreibweise mit dem epentetischen Vokal in der Endung angegeben, einige Male sogar in einer eingedeutschten Form. Im Text wurden die Namen so belassen, wie Maurer sie schrieb, im Register wurde hingegen nach einer gewissen Systematik vorgegangen: Namen von Sagafiguren und anderen Personen bis zur Reformation (konventionell 1550) wurden entsprechend der altnordischen Orthographie verzeichnet, nach diesem Datum folgen sie der modernen isländischen Orthographie. Nach der gängigen Praxis werden isländische Personennamen nach dem Vornamen sortiert, anderweitige Personen nach ihrem Nachnamen. Der Buchstabe <þ> erscheint nach dem <t>. Im Register werden die Lebensdaten und der Beruf bzw. die Funktion der im Text genannten Personen angegeben, sofern die biographischen Lexika, insbesondere das isländische biographische Lexikon von Páll Eggert Ólason 1948–1976) Informationen darüber erteilen.

Aarnesen
norw. Schiffskapitän des 19. Jh.s
12, 22
Adam Usler
norw. Sachverständiger für die
 Salzgewinnung 400
Advokat Fox
 engl. Island-Reisender des 19.
 Jh.s 69, 95
Álöf
 Sagafigur 365
Án
 Sagafigur, Begleiter von
 Kjartan Ólafsson 374
Anderson, Johann
 1674–1743, Bürgermeister von
 Hamburg, Naturforscher und
 Autor eines Islandberichts
 (*Nachrichten von Island,
 Grönland und der Straße
 Davis*), 1746 posthum
 erschienen 404, 428, 429
Áni
 Sagafigur, Begleiter von
 Skalla-Grímr 562
Anna Loptsdóttir 330
Ari Arason d. Ä.
 1763–1840, Mediziner 273
Ari Arason d. J.
 1813–1881, Mediziner 273

Ari Másson
Sagafigur 473
Ari Sæmundsen
1797–1876, Ombudsmann
248
Ari Þorgilsson inn fróði
1067–1148, Kleriker und
Geschichtsschreiber, Autor des
Geschichtswerkes
Íslendingabók, der ersten auf
Altnordisch verfassten Schrift
94, 352, 366, 497, 642, 667,
671, 673, 674, 677, 678, 679,
680, 681, 682, 683, 684
Ari Þorkelsson
1652–1730, Bezirksverwalter
511
Arinbjörn
Herse und Sagafigur 562, 564
Arnfinnr Þjófsson
13. Jh., Norweger, Zeitgenosse
Snorris 638
Arngeirr Bersason
Sagafigur 548
Arngrímr Helgason goði
Sagafigur 667, 668, 670, 672,
678, 679, 684
Arngrímr Þorsteinsson
Sagafigur 567
Arngrímr Víga-Styrr Þorgrímsson
Sagafigur 493, 494
Arngrímur Jónsson lærði
1568–1648, Rektor der
Domschule in Hólar,
Gelehrter und Autor
zahlreicher Werke, u.a.
Streitschriften und
Landesbeschreibungen, wie
Brevis commentarius de Islandia
und *Crymogæa* 97, 287, 337,
338, 339, 532

Arngrímur lærði Vídalín
1667–1704, Gelehrter und
Verfasser 339
Árni Böðvarsson
rímur-Dichter 339
Árni Magnússon
1663–1730, Gelehrter und
Professor an der
Kopenhagener Universität, der
sich intensiv mit dem
Sammeln und Archivieren von
isländischen Manuskripten
befasste 77, 179, 188, 287, 288,
341, 342, 352, 459, 582
Árni Magnússon
Gemeindevorsteher von Ármót
116
Árni Öreyða
Norweger und Bote von
König Hákon Hákonarson
639
Árni Thorlacius
1802–1891, Kaufmann 468,
483, 485, 500, 503, 504, 507
Árni Þorsteinsson
1801–1848, sýslumaður 485
Arnkell goði Þórólfsson
Sagafigur 494
Arnljótur Ólafsson
1823–1904, Mathematiker und
Pastor 6
Arnór Árnason
1807–1859, Bezirksverwalter
305, 321, 461
Ásbjörn Heyangrs-Bjarnarson
Sagafigur 362, 363
Ásdís Víga-Styrsdóttir
Sagafigur 493
Ásgerðr Askardóttir
Sagafigur 140
Ásgrímr Ellida-Grímsson

Sagafigur 77
Askr inn ómálgi
Sagafigur 140
Ásmundur
Bauer des 19. Jh.s auf dem
Hof zu Kalmanstúnga 621,
622
Ásmundur Benediktsson
Bauer des 19. Jh.s 218
Ásmundur Jónsson
1808–1880, Pastor 126
Ásólfr alskikk
Sagafigur 139, 690
Auðr djúpúgða (auch Unnr,
Uðr)
Landnehmerin 363, 364, 365,
366, 367, 490, 491, 514, 524,
661, 703
Auðunn Smiðkelsson
Sagafigur 606
Auðunn Þórolfsson rotinn
Landnehmer 240
Ávangr inn írski
Landnehmer 693
Baldvin Jónsson
1824–1865, Pastor 290, 291
Bálki Blæingsson
Landnehmer 314, 548
Banks, Joseph
1742–1820, britischer
Naturforscher und
Islandfahrer 501
Barði Guðmundsson (Víga-
Barði)
Sagafigur 335
Bárðr
Nachkommen von Hrappr
Bjarnason und Landnehmer
362, 363
Bárðr Heyangrs-Bjarnarson
(Gnúpa-Bárðr)

Landnehmer 703
Bárðr Snæfellsáss
Hauptfigur einer Volkssage
550, 705
Barna-Kjallakr
Landnehmer 490, 515
Bartholin, Thomas d. J.
1659–1690, dänischer
Historiker und Archivar 572
Bauer, Georg
katholischer Missionar auf den
Färöern 23
Baugr Rauðsson
Landnehmer 156
Behrendsen
Kaufmann aus den Färöern
14, 25
Benedikt Benediktsson
geb. 1798, Kaufmann 485,
508, 512
Benedikt Blöndal
1828–1911,
Gemeindevorsteher 330, 331,
332
Benedikt Bogason
Bauer 404
Benedikt Jónsson
1658–1746, Bauer 403, 511
Benedikt Sveinsson
1827–1899, Bezirksverwalter
und Richter 6, 297
Benedikt Þorsteinsson
Schmied 248
Benedikt Vigfússon
1797–1868, Propst 277, 279,
280, 281, 286, 291, 292
Bergþór Bjarnarson
Bauer des 19. Jh.s 605, 612,
616, 617, 618, 620, 621
Bergþóra Skarphéðinsdóttir
Sagafigur 147

Bergþórr Þórólfsson 102
Bernard, Bernard
    1821–1895, französischer
    Missionar 226, 227, 258, 505
Bersi goðlaus Bálkason
    Landnehmer 315, 548, 690
Bersi inn auðgi Vermundarson
    Snorris Schwiegervater 633
Bersi Össurarson (Spak-Bersi)
    Landnehmer 381
Bersi Véleifsson (Hólmgöngu-
    Bersi)
    Sagafigur 375
Bischof Árni Helgason
    1777–1869, Titularbischof
    (1823–1825 und 1845–1846)
    175
Bischof Árni Þórarinsson
    1741–1787, Bischof von Hólar
    (1784–1787) 77, 285
Bischof Auðunn rauði
    Þorbergsson
    1250–1322, Bischof von Hólar
    (1313–1322) 282, 301
Bischof Björn Gilsson
    †1162, Bischof von Hólar
    (1147–1162) 240
Bischof Bótólfr
    †1247, norwegischer Bischof
    von Hólar (1238–1247) 638
Bischof Brynjólfur Sveinsson
    1605–1675, Bischof von
    Skálholt (1639–1674) 98, 287,
    394, 489, 532, 569, 570, 571,
    573, 578
Bischof Einar Þorsteinsson
    1633–1696, Bischof von Hólar
    (1692–1696) 285
Bischof Finnur Jónsson
    1704–1789, Bischof von
    Skálholt (1754–1785) 106, 516,
    547, 589, 630, 634, 646
Bischof Friðrekr
    Sagafigur der *Kristnisaga* 520
Bischof Friedrich von Saxaland
    10. Jh., deutscher Bischof,
    Begleiter von Þorvaldr
    Koðrásson 229, 310, 313
Bischof Geir (Jónsson) Vídalín
    1761–1823, Bischof von
    Skálholt (1797–1801) 48, 343,
    451, 452, 453
Bischof Gísli Jónsson
    1515–1587, Bischof von
    Skálholt (1558–1587) 340, 539
Bischof Gísli Magnússon
    1712–1779, Bischof von Hólar
    (1755–1779) 282, 285
Bischof Gísli Þorláksson
    1628–1656, Bischof von Hólar
    (1657–1684) 282, 285, 341
Bischof Gizur Einarsson
    1512–1548, Bischof von
    Skálholt (1542–1548) 4, 340
Bischof Gizurr Ísleifsson
    1042–1118, Bischof von
    Skálholt (1082–1118) 105
Bischof Guðbrandur Þorláksson
    1541–1627, Bischof von Hólar
    (1571–1627) 279, 285, 306, 321,
    337, 339, 340
Bischof Guðmundr Arason góði
    1161–1237, Bischof von Hólar
    (1203–1237) 253, 278, 284,
    466, 470, 595, 599, 638
Bischof Gyrðir Ívarsson
    †1360, norwegischer Bischof
    von Skálholt (1350–1360) 516
Bischof Halldór Brynjúlfsson
    1692–1752, Bischof von Hólar
    (1746–1752) 285
Bischof Hannes Finnsson

1739–1796, Bischof von
Skálholt (1785–1796) 48, 106,
516, 547, 548
Bischof Ísleifr Gizzurarson
1006–1080, erster Bischof
von Skálholt (1056–1080) 105
Bischof Jón Arason
1484–1550, letzter katholischer
Bischof Islands (1524–1550)
279, 284, 526, 527
Bischof Jón Árnason
1665–1743, Bischof von
Skálholt (1722–1743) 106
Bischof Jón Eiríksson skalli
zw. 1310/20–1390, Bischof
von Hólar (1358–1390) 321
Bischof Jón Ögmundarson
1052–1121, erster Bischof von
Hólar (1106–1121) 278, 284,
319, 664
Bischof Jón Þorkelsson Víðalín
1666–1720, Bischof von
Skálholt 106, 338, 342
Bischof Jón Vídalín
1666–1720, Bischof von
Skálholt (1698–1720) 174, 175
Bischof Jón Vigfússon
1643–1690, Bischof von Hólar
(1684–1690) 285
Bischof Jörundr Þorsteinsson
†1313, Bischof von Hólar
(1267–1313) 254, 282, 301
Bischof Lárentíus Kálfsson
1267–1330, Bischof von Hólar
(1323–1330) 254, 255, 319
Bischof Magnús Einarsson
1092–1148, Bischof von
Skálholt (1134–1148) 549, 659
Bischof Magnús Gizzurarson
†1236, Bischof von Skálholt
(1216–1236) 659

Bischof Marteinn Einarsson
†1576, Bischof von Skálholt
(1548–1556) 101, 527
Bischof Martin von Tours (auch
Martinus Turonensis)
316 oder 336–397, Bischof von
Tours 102
Bischof Oddur Einarsson
1559–1630, Bischof von
Skálholt (1559–1630) 106
Bischof Ólafr Hjaltason
1500–1569, Bischof von Hólar
(1552–1569) 282
Bischof Ólafr Rögnvaldsson
†1495, Bischof von Hólar
(1459–1495) 321
Bischof Patrek
aus dem irischen Raum
stammend 362
Bischof Pétr Nikulásson
1391–1411, Bischof von Hólar
(1391–1411) 282
Bischof Rúðólfr
englischer Bischof, der sich
lange auf Island aufhielt 649
Bischof Sigurður Stefánsson
1744–1798, Bischof von Hólar
(1789–1798) 285
Bischof Sigvarðr Þéttmarsson
†1268, norwegischer Bischof
von Skálholt (1238–1268) 638
Bischof Steingrímur Jónsson
1769–1845, Bischof von
Skálholt (1824–1845) 58, 158
Bischof Steinn Jónsson
1660–1739, Bischof von Hólar
(1711–1739) 174, 285, 342
Bischof Þórður Þorláksson
1637–1697, Bischof von
Skálholt (1674–1697) 106, 339,
341

Bischof Þorlákr helgi
Þórhallsson
1133–1193, Bischof von
Skálholt (1178–1193), 1198
heilig-gesprochen 107, 284,
649
Bischof Þorlákur Skúlason
1597–1656, Bischof zu Hólar
(1628–1656) 174, 285, 341, 388
Bischof Vilchin Hinriksson
†1405, dänischer Bischof von
Skálholt (1391–1405) 321
Bjarni (Vigfússon) Thorarensen
1786–1841, Amtmann und
Dichter 128, 156
Bjarni Brodd-Helgason
Sagafigur 75
Bjarni Haldórsson
1703–1773, Bezirksverwalter
und Schulrektor der Schule
von Skálholt 343, 344
Bjarni Jónsson 422
Bjarni Magnússon
Bauer des 19. Jh.s 706
Bjarni Pálsson
1719–1779, Arzt 399, 624
Bjarni Sturluson
Sagafigur 581, 582, 603
Bjarni Thorarensen (Vigfússon)
1786–1841, Amtmann und
Dichter 113, 128, 133, 192, 232,
244
Bjarni Þórarinsson
†1841, Amtsmann 406, 515,
593
Bjarni Þorsteinsson
1781–1876, Amtsmann 77,
107, 406
Bjarni Vígfusson
19. Jh., Dichter und Amtmann
593

Björn austræni Ketilsson
Landnehmer 364, 366, 487,
490, 514, 703
Björn Benediktsson
1799–1828, Pastor 590
Björn Björnsson (Garða-Björn)
Bediensteter in Bessastaðir
245
Björn bóndi
Bauer im Bjarnarfjörður 370
Björn buna Grímsson
Landnehmer 361, 363, 703
Björn Gottskálksson
1765–1852, Betreiber der
Druckerei auf Hrappsey 513
Björn gullberi
Landnehmer 351, 653
Björn Gunnlaugsson
1788–1876, Oberlehrer an der
Schule in Bessastaðir 211, 333,
624, 709
Björn Hítdælakappi Arngeirsson
Sagafigur 366, 540, 548, 549,
554, 555, 572
Björn hreppstjóri Þórðarson
293
Björn hvíti Kaðalsson
Sagafigur 147
Björn inn ríki Þorleifsson
1408–1467, Anführer 379, 385
Björn Jónsson
1803–1866, Pastor 109, 110,
112
Björn Jónsson
Kaufmann 244
Björn Jónsson von Skarðsá
1574–1655, Rechtskundiger
und Verfasser von Annalen
311, 386, 510, 598
Björn Jónsson yngri
1647–1695, Gemeinde-

vorsteher 516
Björn Kortsson 700
Björn Magnússon
†1635, Bezirksverwalter 387
Björn Stefánsson
1636–1717, Pastor 624
Björn Þorláksson
1816–1862, Pastor 293, 296,
305, 306, 307, 309, 311, 312
Björn zu Eyrarbakki
Pastor 328
Blefken, Dithmar
17. Jh,, deutscher Theologe,
Geograph und Verfasser einer
Island-Beschreibung (*Islandia,
sive Populorum et mirabilium
quae in ea Insula reperiuntur
accuratior descriptio*) 1607
erschienen 338
Blund-Ketill Geirsson
Landnehmer 666, 667, 668,
670, 677, 678, 682, 683, 684
Bocholz, Johann
Statthalter 340
Böðvar Tómasson
19. Jh., Gemeindevorsteher
162, 164
Böðvar Þorvaldsson
1787–1862, Propst 345, 346,
347
Böðvarr Barkarson
12. Jh., Hof-Besizter 632
Böðvarr Egilsson
Sagafigur 563, 571
Böðvarr Þórðarson goði
Sagafigur 649
Bogi Benediktsson
1723–1803, Bauer 512, 513, 515,
516
Bogi Benediktsson d. J.
1771–1849, Gelehrter 512

Bogi Thorarensen
1822–1867, Bezirksverwalter
591, 593, 594, 596, 605, 647
Bolli Þorleiksson
Sagafigur 368, 370, 371, 372,
373, 374
Bölverkr Þórarinsson (Músa-
Bölverkr)
Sagafigur 582, 603, 627
Börkr Starkaðarson
Sagafigur 161
Börkr Þorkelsson
Landnehmer 161
Brandr Kolbeinsson
Sagafigur 301
Brynjólfur Benedictsen
1807–1870, Kaufmann 392,
450, 461, 512
Captain Henry
irischer Island-Reisender des
19. Jh.s 69, 95
Clausen, Holger
dänischer Kaufmann des 19.
Jh.s 275, 296, 332, 504
Daði Guðmundsson
†1563, Bezirksverwalter 526,
527
Dagfinnr
Gesetzessprecher 635
Dahlerup, Carl Emil
1813–1890, dänischer
Gouverneur der Färöer 13, 17,
24, 25
Dala-Kollr Veðrar-Grímsson
Landnehmer 356, 365, 523
Daníel Halldórsson
1820–1908, Propst 246
Daníel Jónsson
Bauer 347
D'Arrest, Heinrich Louis
1822–1875, deutsch-dänischer

Astronom 12
Dicuil
8.–9. Jh., iro-schottischer
Mönch und Gelehrter 25
Djunkovsky, Paul Marie
Etienne
1821–1870, russisch-
katholischer Missionar 6, 11,
227
Dufferin, Frederick Temple
Hamilton-Blackwood
1826–1902, britischer Island-
Reisender 51, 53, 57, 67, 71
Ebel, Johann Gottfried
1764–1830, Arzt,
Naturforscher und
Reiseschriftsteller 415, 448
Ebenezer Matthíasson
Schreiner des 19. Jh.s 463,
504, 551
Eðna Ketilsdóttir
Sagafigur 139
Eggert Björnsson ríki
1612–1681, Bezirksverwalter
387
Eggert Briem (Eggertsson)
1867–1936, Bezirksverwalter
234, 245, 248
Eggert Hannesson
1515–1583, Gesetzesprecher
598
Eggert Ólafsson
1726–1768, Naturforscher,
Gelehrter und Verfasser eines
Berichts über Island (*Reise
igiennem Island*) 1772
erschienen 27, 91, 98, 102, 107,
167, 249, 271, 334, 336, 354,
355, 382, 384, 387, 388, 394,
398, 399, 404, 405, 410, 411,
412, 415, 416, 418, 420, 422,
427, 429, 437, 439, 442, 443,
448, 501 532, 533, 548, 551, 553,
556, 567, 568, 570, 571, 573,
574, 598, 599, 607, 611, 612,
613, 614, 615, 616, 617, 618,
619, 624, 688, 692, 695
Egill Egilsson
1829–1896, Kaufmann 486,
495
Egill Skalla-Grímsson
Sagafigur und Skalde 77, 78,
370, 396, 563, 564, 571, 579,
580, 583, 626, 649, 704, 705,
707, 708
Einar Bjarnason
1782–1856, Gelehrter 307, 461
Einar Ejolvsen 459
Einar Ísleifsson
1808–1883,
Gemeindevorsteher 146
Einar Kortsson 700
Einar Stefánsson
1807–1871, Verwalter von
Reynastaðir 298
Einar Thorlacius
1753–1783, Pastor 234, 235,
236, 242
Einar Þórðarson
1721–1801, Pastor 360
Einarr Arason
Sagafigur 474
Einarr Helgason Skálaglam
Sagafigur und Skalde 364, 484
Einarr Skúlason
1090–1165, Skalde mit
klerikalem Hintergrund 565
Einarr Teitsson
Sagafigur 580
Einarr Þorgilsson
Sagafigur 379
Einarr Þorvaldsson

Sagafigur 379
Einarr Þveræringr Eyjólfsson
Sagafigur 240
Einarr von Stafholt
Sagafigur 580
Eiríkr Hákonarson Ladejarl
600
Eiríkr Hróaldsson
Landnehmer 267, 362
Eiríkr rauði Þorvaldsson
Sagafigur 482, 483
Eiríkur Kúld
1822–1893, Pastor 392, 450,
452, 462, 463, 464
Eiríkur Vigfússon
1747–1808, Pastor 590
Elínborg Kristjánsdóttir 480
Elliða-Grímr Ásgrímsson
Sohn des Landnehmers
Ásgrímr Öndóttsson 537
Erlendr sterki Ólafsson
Sagafigur 650
Erzbischof Adalbert
1000–1072, Erzibischof von
Bremen (1043–1072) 105
Erzbischof Sigurðr 636
Eyjólfur bóndi
Bauer des 19. Jh.s 90
Eyjólfur Einarsson
1784–1865, Gemeinde-
vorstehcr 463
Eyjólfur Kolbeinsson
1770–1862, Pastor 452
Eyjúlfr Æsuson
Sagafigur 483
Eyjúlfr Bölverksson
Sagafigur 75, 77
Eyjúlfr Sæmundarson
Sohn von Sæmundr inn fróði
633
Eyjúlfr Þórðarson grái

Sagafigur 366
Eyjúlfr Valgerðarson
Sagafigur 240
Eysteinn Álfsson múrfretr
Sagafigur 365
Eyvindr Bjarnarson austmaðr
Sagafigur 364
Eyvindr brattr
Norweger und Bote von
König Hákon Hákonarson
639
Eyvindr Jónsson (Fjalla-
Eyvindr)
1714–1783, Geächteter 204,
205
Fabritius
ostfriesischer Missionar 338
Finn Magnúsen 236, 382
Finnbogi rammi Ásbjarnarson
Sagafigur 334
Finnur Magnússon
1781–1847, Altertumsforscher
502, 503, 573, 634, 641, 660
Finsterwalder
Naturforscher aus Halle 292
Flóki
Sagafigur, irischer Sklave vom
Landnehmer Ketill 652
Flóki Vilgerðarson (Hrafna-
Flóki)
Landnehmer 466
Flosi Þórðarson
Sagafigur 73, 75, 77, 135, 162
Forbes, Charles
Schiffskapitän 506, 614, 620
Forchhammer, Johann Georg
1794–1865, dänischer
Mineraloge 12
Friðgerðr Kjarvalsdóttir
Sagafigur 520
Friðrik Eggertz

1802–1894, Pastor 476, 477, 478, 479
Friðrik Jónsson
1794–1840, Pastor 467
Friðrik Thorarensen
1842–1867, Propst 343
Friðrik Þorgilsson
Bauer 515
Frisak, Hans
Marineoffizier 321
Fuhrmann, Niels
1685–1733, norwegischer Amtmann 404
Garðarr Svavarsson
schwed. Wikinger, der Anteil an der Entdeckung Islands hatte 210
Garlieb, Gottfried
19. Jh., dänischer Gelehrter und Administrator der Handelskammer 532
Geijer, Erik Gustaf
1783–1847, prominenter schwedischer Schriftsteller der Romantik 640, 644
Geir Bachmann
1804–1886, Pastor 536, 538, 539, 541, 545, 556, 557
Geirbjörg Bálkadóttir
Tochter vom Landnehmer Bálki Blæingsson 314
Geiri austmaðr
Landnehmer 312
Geirmundr Hjörsson heljarskinn
Landnehmer 382, 383, 384
Geirný Gnúpsdóttir
Frau des Landnehmers Önundr 706
Geirr Ásgeirsson goði
Sagafigur 77

Geirr Grímsson
Sagafigur 653, 654, 655, 656, 658, 662, 663, 664
Geirr Ketilsson
Sagafigur 666
Gellir Þorkelsson
Sagafigur 497
Gerhard, Johannes
1582–1637, deutscher lutherischer Theologe 174
Gestr Oddleifsson inn spaki
Sagafigur 368, 370, 449, 468
Gísli Brynjólfsson
1827–1888, Gelehrter und Dozent 10, 293, 640
Gísli Guðmundsson
Bauer des 19. Jh.s 115
Gísli Hákonarson
1583–1631, Gesetzessprecher 388
Gísli Hjálmarsson
1807–1867, Arzt 226
Gísli Konráðsson
1787–1877, Historiker und Dichter 450, 451, 457, 458, 461, 462
Gísli Ólafsson
1777–1861, Pastor und Kaplan in Helgafell 502, 503
Gísli Þorsteinsson
Sagafigur 540, 541
Gizurr Teitson hvíti
Sagafigur und Fürsprecher des Glaubenwechsels auf Island 77, 90, 105, 371, 626
Gizurr Þorvaldsson
1208–1268, Anführer der Sturlungazeit 272, 637, 639, 640
Glúmr Eyjólfsson (Víga-Glúmr)
Sagafigur 238, 240, 253

Glúmr Óleifsson
Sagafigur 524, 649
Gottrup, Lauritz Christensen
1648–1721, dänischer
Rechtssprecher auf Island
320, 341
Grettir Ásmundarson
Sagafigur 221, 223, 261, 345,
347, 348, 473, 474, 520, 540,
541, 543, 624, 660, 687
Grímkell goði Bjarnason
Sagafigur 653, 654, 655, 659,
662, 664, 665
Grímkell Harðarson
Sagafigur 658
Grímr (Kampa-Grímr)
Landnehmer 366
Grímr Ingjaldsson
Landnehmer 110, 534
Grímr lítli
Sagafigur 654, 655, 663, 664
Grímr Svertingsson
Sagafigur 77, 564, 565, 705,
706, 707
Grímr háleyski Þórisson
Sagafigur 562, 626, 651
Grímur Johnsson
Amtmann im Norden 256
Grímur Jónsson
1785–1849, Amtmann 232
Grímur Laxdal
Buchbinder 248
Grímur Thomsen
1820–1896, Leiter vom
auswärtigen Amt 6, 11, 12, 126
Gró Þorsteinsdóttir
Sagafigur 365
Gróa
Sagafigur 329, 344
Grundar-Helga
Sagafigur 239

Grundtvig, Nikolai Frederik
Severin
1783–1872, dän. Philosoph,
Dichter, Historiker, Pastor,
Pädagoge und Politiker 641
Guðbrandur Vigfússon
1827–1889, Philologe und
Herausgeber altnordischer
Texte 6, 10, 151, 361, 362, 365,
376, 377, 382, 386, 389, 459,
462, 463, 467, 471, 476, 477,
479, 480, 484, 486, 500, 503,
504, 508, 515, 523, 565, 606,
624, 660, 662, 676
Guðlaugr Heyangrs-Bjarnason
Sagafigur 363
Guðlaugr Þorfinnsson
Sagafigur 337
Guðmundr ríki Eyjúlfsson
Sagafigur 240
Guðmundur
16.–17. Jh. 44
Guðmundur
Bauer des 19. Jh.s am Hof
Þjórsárholt 177
Guðmundur Arason 643
Guðmundur Bergþórsson
1657–1705, Dichter 248
Guðmundur Einarsson
1816–1882, Pastor in
Kvennabrekka 525, 526, 528
Guðmundur Einarsson
1823–1865, amtlicher Schreiber
und Dichter 307, 461
Guðmundur Guðmundsson
Schreiner und Steinmetz 283,
488
Guðmundur Johnsen
1812–1873, Pastor 117, 119, 120,
121, 122
Guðmundur Jónsson

1810–1889, Pastor von
Stóruvellir 164, 167, 251
Guðmundur Jónsson
1813–1867, Gemeinde-
vorsteher 481, 518
Guðmundur Oddsson
Sattler 515
Guðmundur Ólafsson
Bauer des 19. Jh.s 91
Guðmundur Scheving
1777–1837, Bezirksverwalter
und Kaufmann 452, 454, 455
Guðmundur Þórðarson
Reisebegleiter für ausländische
Islandfahrer im 19. Jh. 95
Guðmundur Torfason
1798–1879, Pastor 111
Guðmundur Þorsteinsson 173
Guðmundur Vígfússon
1810–1870, Propst 560, 579,
584, 585
Guðný Böðvarsdóttir
Mutter von Snorri Sturluson
632
Guðrún
16.–17. Jh., Mutter von Jón,
Guðmundur und Jakob
Narfason 44
Guðrún Bjarnadóttir
Zweite Frau von Snorris
Bruder Þórður 632
Guðrún Gestsdóttir
Sagafigur 368
Guðrún Kortsdóttir 700
Guðrún Ósvífsdóttir
Sagafigur 364, 371, 372, 373,
374, 497, 572
Guðrún Thorsteinson 13
Gunnar Gunnarsson
1781–1853, Pastor und
Schreiber von Bischof Geir

(Jónsson) Vídalín 451
Gunnarr Hámundarson von
Hlíðarendi
Sagafigur 39, 147, 149, 156,
157, 163, 524, 684
Gunnarr Hlífarson
Sagafigur 669, 670, 675, 684,
685
Gunnlaugr Leifsson
†1218, Mönch vom Kloster
Þingeyrar und Sagaverfasser
319
Gunnlaugr ormstunga Illugason
Sagafigur und Skalde 565,
600, 601, 602
Gunnlaugur Blöndal
1834–1884, Bezirksverwalter
330
Gunnlaugur Snorrason
1713–1796, Pastor und Dichter
173
Hænsna-Þórir
Sagafigur 667, 668, 670, 672,
677, 679, 680, 685
Hafliði Eyjúlfsson
1821–1894, Bauer 463
Hafliði Másson
Sagafigur und Schreiber der
ersten isländischen Gesetze
335, 378, 474
Hákon Fólkviðarson galinn
1173–1214, Jarl in Norwegen
634, 643
Hákon Grjótgarðsson jarl
um 850–900, der erste
historisch erfassbare Ladejarl
in Norwegen 492
Hákon Ormsson von
Kjallaksstaðir
Bauer des 19. Jh. 481
Hall

dänischer Beamter auf Island 12
Hallbera Þorsteinsdóttir
†1330, Äbtissin vom Kloster Reynistaðir 301
Halldór Finnsson
1736–1814, Pastor 590
Halldór Friðriksson
1819–1902, Oberlehrer 276
Halldór Guðmundsson
1826–1904, Adjunkt 574
Halldór Halldórsson 613
Halldór Jakobsson
1735–1810, Bezirksverwalter 302, 459
Halldór Jónsson
1810–1881, Propst 226, 298, 328
Halldóra Gísladóttir
Guðbrandur Vigfússons Mutter 480
Halldóra Guðbrandsdóttir
1574–1658, Tochter von Bischof Guðbrandur Þorláksson 285
Halldóra Tumadóttir
Snorris Schwägerin 633
Hallfreðr Óttarsson vandræðaskáld
Sagafigur und Skalde 612
Hallfríðr Bjarnardóttir
Frau vom Landnehmer Höskuld 369
Hallfríðr Þorbjarnardóttir
Tochter vom Landnehmer Þorbjörn 370
Hallfríðr Þorgilsdóttir
Sagafigur 497, 642
Hallfríðr Þorkelsdóttir
Sagafigur 240
Hallgerðr langbrók Hölskulsdóttir
Sagafigur 39, 524, 649
Hallgríma Gilsdóttir
Landnehmerin 392
Hallgrímur Eldjárnsson
1723–1779, Pastor 239, 241
Hallgrímur Pétursson
1614–1674, berühmter Dichter und Pastor 173, 690, 709
Hallgrímur Thorlacius
1792–1859, Pastor 234
Hallgrímur Þorsteinsson
1776–1866, Pastor 261
Hallkell Hrosskelsson
Sagafigur 599
Hallr
Sagafigur 467
Hallr Agerskov 6
Hallr Kleppjarnsson
Sagafigur 238
Hallr Teitsson
†1150, Priester und politischer Anführer 94
Hallr Þorsteinsson (Síðu-Hallr)
Sagafigur 291
Hallr von Hofstaðir
Sagafigur 473
Hallsteinn goði Þórólfsson (Þorskafjarðargoði)
Landnehmer 365, 397, 490
Hallveig Ormsdóttir
1199–1241, zweite Frau Snorris 634, 642
Hámundr Gunnarsson
Landnehmer 156
Hámundr heljarskinn Hjörsson
Landnehmer 383
Hannes Árnason
Zeitgenosse und Bekannter Maurers 307
Hannes Johnsen

1809–1885, Kaufmann 29, 57, 911
Hannes Jónsson
1794–1873, Pastor 57, 299, 358
Hans Becker
Hoher Beamter im 18. Jh. 404
Haraldr hríngr
Landnehmer 316
Haraldr jarl von Gautaland 654
Haukr Erlendsson
†1334, Gesetzessprecher und Schreiber von großen Teilen der nach ihm benannten Handschrift Hauksbók 650, 661, 678
Hávarðr hegri
Landnehmer 269
Havsteen
Kaufmann 291
Havsteen, Ole
Amtmann 88, 127, 228, 232, 244, 245, 256, 257, 258, 259, 309, 326
Heidemann, Christoph
18. Jh., Landvogt 339
Helga Aradóttir
Snorris Schwägerin 632
Helga Haraldsdóttir von Gautaland
Sagafigur 654, 658, 659
Helga Þórðardóttir
Sagafigur 669, 704
Helga Þorgeirsdóttir
Tochter vom Landnehmer Þorgeirr Ásgrímsson 126
Helga hin fagra Þorsteinsdóttir
Sagafigur 565, 601, 602, 603
Helgi Arngrímsson
Sagafigur 667, 668, 679
Helgi magri Eyvidarson
Landnehmer 237, 240, 243, 363, 364, 365, 703
Helgi Grímsson von Húsafell
1622–1691, Pastor 624
Helgi Heyangrs-Bjarnarson
Sagafigur 361, 362, 363
Helgi Jónsson
1822–1900, Kaufmann 518
Helgi bjóla Ketilsson
Landnehmer 364, 366, 380, 696, 703
Helgi Sigmundarson
Sagafigur 653, 654, 655, 658, 663, 664, 665
Helgi von Melaberg (Melabergs-Helgi)
Figur einer Volkssage 639, 694
Henderson, Ebenezer
1784–1838, schottischer Politiker und Missionar 22, 63, 73, 74, 102, 143, 360, 416, 432, 499, 502, 503, 504, 548, 550, 551, 552, 614, 615, 616, 618, 619, 630, 646, 648
Herdís Bersadóttir in auðga
Snorris Frau 633
Herdís Bolladóttir
Landnehmerin 384
Herjúlfr Eyvindsson
Sagafigur 523
Hermundr Illugason
Sagafigur 584, 599, 600, 601, 602
Herslev
Kleriker 175
Hersteinn Blund-Ketilsson
Sagafigur 677, 678, 679, 682, 685
Hersteinn Þorkelsson
Sagafigur 677, 679
Heyangrs-Björn

Landnehmer 362, 363
Hildir
Landnehmer 129
Hildr Þórarinsdóttir
Sagafigur 357
Hildur Bogadóttir
Bäuerin des 19. Jh.s 515
Hjalti Skeggjason
Sagafigur und Fürsprecher des Glaubenwechsels auf Island 76, 77, 90, 187, 188, 371
Hjalti Þórðarson
Landnehmer 278
Hlenni inn gamli Ormsson
Sagafigur 229, 237
Hlöðu-Kálfr
Sagafigur 243
Höfða-Þórðr Bjarnarson
Landnehmer 292, 605
Högni Þormóðarson
Priester des 13. Jh.s 649
Holberg, Ludvig
1684–1754, dänisch-norw. Dichter und Autor 404
Holm
Ombudsmann 296
Hólmfríður Pálsdóttir Vídalín
1697–1736, Tochter von Páll Vídalín 343
Hólmfríður Vigfúsdóttir
Guðrandur Vigfússons Schwester 345, 480
Hooker, William Jackson
1785–1865, britischer Botaniker, der Joseph Banks 1809 nach Island begleitete 501, 556, 630
Hoppe
Stiftamtmann 406
Hörðr Grímkelsson
Sagafigur 653, 654, 655, 656, 657, 658, 659, 662, 663, 665, 686
Horrebow, Niels
1712–1760, dän. Politiker, Naturforscher und Autor eines Werkes über Island (*Tilforladelige Efterretninger om Island med et nyt Landkort*, 1752) 398, 404, 413, 429
Höskuldr Dala-Kollsson
Sagafigur 77, 356, 366, 369, 370, 523, 571
Höskuldr Þráinsson Hvítanesgoði
Sagafigur 148, 157, 361
Hrafn Ketilsson Hængsson
Gesetzessprecher der Landnahmezeit 126, 561
Hrafn Önundarson
Sagafigur und Skalde 565, 600, 601, 602, 706
Hrappr Bjarnarson
Landnehmer 361
Hrappr Sumarliðson (Víga-Hrappr)
Sagafigur 357, 480
Hrefna Ásgeirsdóttir
Sagafigur 373, 374
Hreinn Hermundarson
Sagafigur 600
Hreinn Styrmisson
†1171, Abt von Þingeyrar 600
Hróarr Haraldson von Gautaland
Sagafigur 654, 659
Hróðgeirr inn spaki
Landnehmer 690
Hrólfr inn gutlenzki
Sagafigur 659
Hrólfr kraki Helgason
sagenumwobener König der

dänischen Vorzeit 345
Hrólfr yngri Hrólfsson
　Sagafigur 581
Hrolleifr Einarsson
　Sagafigur 705
Hrómundr halti Eyvindarson
　Sagafigur 268, 314, 667
Hrosskell Þorsteinsson
　Landnehmer 351, 599
Hrútr Herjólfsson
　Sagafigur 524
Hrútr illriki (Rútur)
　Hauptfigur der Volkssage 137,
　142
Húnbogi Þorgilsson
　Anführer des 12. Jh.s 384
Hundi
　Sagafigur, schottischer
　Freigelassener von Auðr 367
Hvamm-Sturla Þórðarson
　Sagafigur und Snorris Vater
　631, 632
Illugi rauði Hrólfsson
　Sagafigur 580, 626, 627, 654,
　664
Illugi svarti Hallkelsson
　Sagafigur 581, 599, 600, 602
Illugi zu Hólmur
　Sagafigur 656
Indriði Gíslason
　Besitzer des Hofes Hóll 376,
　377
Indriði Þorvaldsson
　Sagafigur 654, 656, 657, 658,
　659, 663, 666, 686
Ingibjörg Einarsdóttir Johnsen
　464
Ingibjörg Tryggvadóttir
　Schwester von König Ólafr
　Tryggvason 371
Ingimundr Einarsson

†1172, Priester 474
Ingimundr Þorgeirsson
　12. Jh., Priester 474, 642
Ingimundr gamli Þorsteinsson
　Landnehmer 313, 348, 381,
　474
Ingjaldr Helgason
　Sohn vom Landnehmer Helgi
　inn magri 240
Ingjaldr Höskuldsson
　Sagafigur 162
Ingjaldur Jónsson
　Gemeindevorsteher, Besitzer
　vom Hof zu Mýri 214
Ingólfr Arnarson
　erster Siedler Islands 27, 63,
　121, 350, 364, 487, 606, 607,
　651, 693, 704
Ingunn Gunnlaugsdóttir 318,
　331
Innri-Hólmr
　Sagafigur 626, 691
Jacobsen, Esajas Bernhoff
　Apotheker 485
Jakob Guðmundsson
　1817–1890, Pastor 300
Jakob Narfason
　16.–17. Jh. 44
Járngerðr
　Sagafigur 650
Jófríðr Gunnarsdóttir
　Sagafigur 669, 675, 676
Jóhann Briem
　1818–1894, Propst von Hruni
　110
Jóhann Pétur Thorarensen
　Apotheker 244
Jóhann Tómasson
　1793–1865, Pastor 650
Johanna Friðrika Eyjólfsdóttir
　1798–1865, Frau von Ólafur

Sigurðsson, Pastor auf Flatey 452
Jóhannes Jónsson von Sauðahús Gemeindevorsteher 358
Johannes Pétursson Bauer des 19. Jh.s 590
Jón Bauer in Stóruvellir im 19. Jh. 219
Jón Bauer von Arnarbæli im 19. Jh. 114, 115
Jón Pastor und Besitzer von Barkarstaðir 154, 155
Jón Pastor von Teigr 157
Jón Árnason 1819–1888, Gelehrter und Herausgeber der isländischen Volkssagen 368, 458, 459, 460, 508, 517, 550, 586, 703, 711
Jón Arnórsson Berater für das Salzwerk 399
Jón Austmann (Jónsson) 1809–1887, Pastor 215, 216, 217, 218, 219, 220, 221, 238
Jón Benediktsson 1793–1862, Pastor 700
Jón Bergþórsson Gemeindevorsteher in Ljarskógar 520
Jón Bjarnason 1807–1892, Bauer in Ólafsdalur 378, 709
Jón Bjarnason Bauer in Þórarinstunga 334
Jón Björnsson 1829–1892, Pastor 111, 112
Jón Borgfirðingur 1826–1912, Buchbinder 247, 461
Jón Daðason 1606–1676, Pastor 509
Jón Eggertsson Bauer in Fagridalur 380
Jón Egilsson 1548–1634, Verfasser von Bischofsannalen 113, 187, 385, 386
Jón Einarsson 18.–19. Jh, Pastor 235
Jón Eiríksson 1728–1787, Departmentvorsitzender für das Island-Ministerium, Gelehrter und als Herausgeber in Dänemark tätig 339, 342, 398, 399, 401
Jón Eiríksson 1807–1887, Pastor 522, 523
Jón Espólín 1769–1836, Bezirksverwalter und Gelehrter 41, 44, 91, 175, 187, 188, 274, 310, 329, 379, 489, 598
Jón Finsen 1826–1885, Bezirksarzt 226, 243, 258
Jón Gíslason Propst 360
Jón Gizurarson 598
Jón Grímsson Bauer von Kalmantunga 598
Jón lærði Guðmundsson 1574–1658, Gelehrter und Verfasser zahlreicher Schriften 459, 624
Jón Guðmundsson 1807–1875, Bezirksverwalter und Redakteur der Zeitung Þjóðólfur 62, 135, 241, 262

Jón Halldórsson
Propst von Breiðabolstaðir
158, 377, 452
Jón Hallsson
Propst von Miklibær 270, 271, 273
Jón Hjartarson
1815–1881, Pastor 136, 151
Jón in Kálfholt
Pastor 127
Jón Johnsen
1806–1886, Autor des Werks *Jarðartal á Íslandi* (1847) 188, 249, 316, 350, 410, 412, 422
Jón Jónson enski
Kaufmann des 19. Jh.s 297
Jón Jónsson
16.–17. Jh., Pfarrer und Vater des Arngrímur lærði 337
Jón Jónsson
Bauer 356
Jón Jónsson
Bauer am Hof Varmadalur im 19. Jh. 709
Jón Jónsson
Bezirksverwalter in der Strandasýsla 318, 326
Jón Jónsson
Gemeindevorsteher Mitte des 19. Jh.s 518
Jón Jónsson
Propst 328
Jón Jónsson
Rechtssprecher 341
Jón Jónsson
Vetter des Administrators Olsen 318
Jón Jónsson (eldri)
†1603, Pastor von Mosfell 110
Jón Jónsson Vídalín
Propst 343

Jón Jónsson
Bauer von Árbakki 308
Jón Kolbeinsson
1765–1836, Kaufmann 502
Jón Konráðsson
1772–1850, Pastor 461
Jón Kristjánsson
1812–1887, Pfarrer von Ytzafell 222
Jón Loptsson
1124–1197, Gode und Snorris Ziehvater 632, 633, 642
Jón Magnússon
1662–1738, Pfarrer, Gemeindevorsteher und Handschriftensammler 508, 509
Jón Melsteð
1829–1872, Pastor 109, 110, 112, 113, 114, 115, 524
Jón murti Eggertsson
16. Jh. 597, 598
Jón Narfason
16.–17. Jh. 44
Jón Oddsson
Bauer des 19. Jh.s 515
Jón Ólafsson (Grunnvíkingur)
1705–1779, Gelehrter, Verfasser und Schreiber zahlreicher Handschriften 156, 471
Jón Pétursson von Brokey
1584–1667, Bauer und Geschäftsmann 403, 404, 511
Jón Samsonarson
1794–1859, Bezirksverwalter und Bauer 298
Jón Sigurðarson
12. Jh., Priester 335, 336, 344
Jón Sigurðsson
1811–1879, Gelehrter,

Handschriftensammler,
Historiker und wichtiger
Vorkämpfer für die
Unabhängigkeit Islands 6, 12,
117, 122, 144, 274, 341, 393, 397,
398, 407, 449, 454, 464, 471,
472, 498, 539, 600, 634, 640,
649, 673, 673, 684, 705, 711
Jón Sveinsson
1815–1890, Pastor 251
Jón Sveinsson
1830–1894, Adjunkt 6, 545
Jón Thorarensen
Besitzer von Víðidalstunga
343
Jón Torfason
†1712, Bauer, ehemaliger
Student an der Universität
Kopenhagen 394
Jón Þórðarson
1813–1903, Bauer, Besitzer des
Hofes Eyvindarmúli 149, 150,
158, 160, 591
Jón Þorláksson
1643–1712, Bezirksverwalter
459
Jón Þorláksson von Bægisá
1744–1819, Pastor und Dichter
192, 236, 260, 261, 512
Jón Þorleifsson
1825–1860, Pastor und
Dichter 151, 158, 360, 368
Jón Þóroddsson
Bezirksverwalter 450
Jón von Leirá
Bauer 620
Jón zu Breiðabólstaður
Pastor 326
Jónas Hallgrímsson
1807–1845, Dichter und
Naturforscher 148, 260, 492

Jónas Þorsteinsson
Bezirksverwalter der Suður-
Múlasýsla 226
Jónatan Sívertsen
Pastor in Staður 451
Jonssen
Kaufmann aus Kopenhagen
296
Jörundr goði Hrafnsson
Sagafigur 126, 140, 152
Jörundr inn kristni Ketilsson
Sagafigur 690
Jórunn Bjarnardóttir
Sagafigur 370
Jórunn mannvitsbrekka
Ketilsdóttir
Sagafigur 364, 369, 703
Jórunn Þormóðsdóttir
Sagafigur 627
Jósep Skaftason
1802–1875, Arzt 329, 332, 333
Kaiser Karl V.
1500–1558, Kaiser des
Heiligen Römischen Reiches
284, 486
Kálfr Ásgeirsson
Sagafigur 372
Kálfr Guttormsson
Sagafigur 238
Kalman
Landnehmer 581
Kári Sölmundarson
Sagafigur 136, 140, 147
Karl Jónsson
†1212, Abt vom Kloster
Þingeyrar 319
Katrín
†1268, Äbtissin vom Kloster
Reynastaðir 301
Katrín Björnsdóttir
1684–1761, Tochter vom

Gemeindevorsteher Björn
Jónsson 516
Katrín Einardóttir
1840–1914, Tochter von Einar
Stefánsson 298
Katrín Magnúsdóttir 134
Katrín Ólafsdóttir Sívertsen
1823–1903 525
Ketilbjörn gamli Ketilsson
Landnehmer 63, 72, 105, 110,
362, 704
Ketill Bersason
Sagafigur 690
Ketill flatnefr Bjarnarson
Landnehmer 237, 361, 363,
366, 487, 652, 703
Ketill inn fíflski Helgason
Landnehmer 364
Ketill Örlysson gufa
Sagafigur 651, 652
Ketill Örnólfsson blundr
Sagafigur 648, 666, 677, 682,
683
Ketill Sigfússon
Sagafigur 147
Ketill hængr Þorkelsson
Landnehmer 126, 561
Ketill Þorvaldsson krókr
Sagafigur 240
Kjallakr gamli Bjarnarson
Sagafigur 490
Kjartan Jónsson
1804–1895, Pastor 140, 141,
142, 145
Kjartan Ólafsson
Sagafigur 157, 366, 368, 370,
371, 372, 373, 374, 376, 525, 571,
575, 576, 577, 578, 597, 657, 658
Kjøller
dän. Kaufmann des 19. Jh.s
275

Knudsen
dänischer Kaufmann 13
Koch
dänischer Reisender auf dem
Schiff Richtung Färöer 13, 21,
24, 25
Kolbeinn
historische Figur der
Sturlungazeit 272
Kolbeinn Árnason
1806–1862, Alþingi-
Abgeordneter 625
Kolbeinn ungi Arnórsson
1208–1245, Gode und
Zeitgenosse Snorris 272, 637
Kolbeinn Sigmundarson
Landnehmer 292
Kolbeinn Tumason
1173–1208, Gode und Skalde
268, 632
Kolbeinn Þorsteinsson
1731–1783, Pastor und Dichter
174
Kolfinna Einarsdóttir
uneheliche Tochter von Einar
Þorgilsson 379
Kolgrímr gamli Hrólfsson
Landnehmer 351, 657, 659
Kollr Kjallaksson
Sagafigur 657
Kollr svarti
Sagafigur 147
Kolskeggr Ásbjarnarson inn
fróði (auch inn vitri)
geb. ca. 1070, mittelalterlicher
Gelehrter 678
Konáll
irische Sagafigur 139
König Æþelræd
König von England (840–871)
600

König Æþelstan
König von Wessex (839–890)
564, 565
König Christian V.
1646–1699, König von
Dänemark und Norwegen
(1670–1699) 342
König Christian VI.
1699–1746, König von
Dänemark und Norwegen
(1730–1746) 398
König Eirík blóðöx Haraldsson
†954, König von Dänemark
(933–935) 563
König Guðormr Sigurðsson
1199–1204, Enkel von König
Sverrir von Norwegen 644
König Hákon góði Haraldsson
920–961, König von
Norwegen (933–961) 614
König Hákon Hákonarson
1204–1263, König von
Norwegen (1217–1263) 635,
636, 637, 638, 639, 643
König Hákon Sverrisson
1170–1204, König von
Norwegen (1202–1204) 643
König Hálfr Hjörleifsson
8. Jh., Kleinkönig in
Norwegen 383
König Haraldr hárfagri
850–933, König von
Norwegen 363, 383, 403, 487,
560, 651
König Hjörleifr von Hörðaland
383
König Hjörr Hálfsson
9. Jh, Kleinkönig in
Norwegen 383
König Ingi Barðarson
1185–1217, König von
Norwegen (1204–1217) 644
König Magnús berfættr
Ólafsson
1073–1103, König von
Norwegen (1093–1103) 664
König Magnús Hákonarson
lagabætir
1238–1280, König von
Norwegen (1263–1280) 458
König Mýrkjartan Njálsson
König von Irland 369, 370
König Óláfr inn helgi
Haraldsson
995–1030, König von
Norwegen (1015–1030) und
Heiliger des gesamten
Nordens 240, 249
König Ólafr Tryggvason
968–1000, König von
Norwegen (995–1000) 371,
372, 374, 565
König Oswald
604–642, König von
Northumbria 704
König Sigtryggr Silkiskegg
norwegisch-gälischer König
von Dublin (989–1036) 600
König Sverrir Sigurðsson
1151–1202, König von
Norwegen (1177–1202) 499
König Waldemar
1170–1241, König von
Dänemark (1202–1241) 575
Königin Maria Stuart
1542–1587, Königin von
von Schottland (1542–1567)
20
Konráð Gíslason
1808–1891, Sprachforscher
und Professor an der
Universität Kopenhagen 6,

376, 377, 576
Kóri
Sagafigur, irischer Sklave vom
Landnehmer Ketill 652
Kormákr Ögmundarson
Sagafigur und Skalde 156, 345
Kort Kortsson 700
Kort Þorvarðsson
Bauer des 19. Jh.s 699
Kotkell
Zauberer 356
Kristín Gísladóttir
Tochter vom Gesetzessprecher
Gísli Hákonarson 388
Kristín Nikulásdóttir 634, 643
Kristján
Bauer von Fjarðarhorn 349, 355
Kristján Guðbrandsson
Bauer in Gunnarstaðir 528, 529, 530
Kristján Johansson
1737–180, Propst 174
Kristján Jónsson von Stóridalur
Bauer 309, 311, 312
Kristján Kristjánsson
1806–1882, Amtmann 275, 276, 277, 279, 293, 294, 545, 557, 585
Kristján Skúlason Magnusen
1801–1871, Bezirksverwalter 377
Krüger
Minister und Professor des dänischen Rechts 11
Kruse, Laurids
1588–1609, dänischer Lehnsmann 44
Kveld-Úlfr Bjálfason
Sagafigur 560, 562
Lambi inn sterki Þórðarson

Sagafigur 652
Larsen
dänischer Gartenkünstler 14, 22
Lárus Jónsson
Pastor 480, 481, 482, 484, 514, 515, 518, 521
Lárus Thorarensen
1799–1864, Bezirksverwalter 293, 294, 593
Lauritz Múli
Statthalter des 16. Jh.s 527
Levetzow, Hans von
1754–1829, Stiftamtmann 49
Lind
Buchhändler des 19. Jh.s 11
Lind, Edvard Constantin
1821–1864, dänischer Bezirksarzt 485
Loptr Guttormsson ríki
1375–1432, Gelehrter 291, 379, 385
Loptr Ormsson
†1476, Ritter und Bauer von Staðarhólt 379, 380
Luðvík Blöndal
1822–1874, Zimmermann 627
MacKenzie, Georg Steuart
1780–1848, englischer Gelehrter, Island-Reisender und Verfasser eines Reiseberichts über Island 61, 415, 416, 432, 501, 556, 630, 648
Magnús (Bjarni) Blöndal
1830–1861, Bezirksverwalter 330
Magnús (Ólafsson) Stephensen
1762–1833, Justiziar und Verfasser 14, 48, 160, 282, 341, 401, 404, 509, 511, 556

Magnús Arason
Kapitän 511
Magnús Árnason
1772–1838, Pastor 77, 321
Magnús Blöndahl
19. Jh., dänischer Bekannter
Maurers 298
Magnús Einarsson
Bauer des 19. Jh.s 518
Magnús Eiríksson
1806–1881, Theologe 6, 10f.
Magnús Grímsson
1825–1860, Pastor und
Dichter 184, 188, 191, 199,
206, 210, 211, 295, 305, 360,
574, 627, 646, 701, 702, 703,
705, 706, 707, 708
Magnús Hjörtsson
Zimmermann des 19. Jh.s 545
Magnús Jónsson
Großbauer des 19. Jh.s 91, 92,
103, 107
Magnús Ketilsson
1732–1803, Bezirksverwalter
und Verfasser von
Rechtsschriften 258, 343, 379,
388, 398, 399, 479, 568
Magnús Kortsson 699
Magnús Magnússon
Bauer des 19. Jh.s 263
Magnús Pálsson
†1223, Priester 497, 642, 645
Magnús Sæmundsson
1815–1894, Gemeinde-
vorsteher 118, 119, 120
Magnús von Steinsholt
Bauernsohn 195
Magnús Thorlacius
1820–1878, Pastor 234, 235,
238, 239, 243, 247
Magnús Þórðarson

11.–12. Jh., Priester 627, 659
Malla Havsteen 305
Máni inn kristni zu Holt 310,
311
Margrét Bogadóttir
Ehefrau des Dichters Jón
Þorláksson 512
Markúlfur bóndi
Hauptfigur einer Sage 276
Markús Skeggjason
Sagafigur 77, 78
Markús Þórðsson
Sagafigur 649
Márr Jörundarson 330
Marshall
dänischer Generalkonsul auf
den Färöer-Inseln 17, 21
Matthías Sívertsen
Bauer von Kjörseyri 605, 612,
616, 618, 620
Meldal, Thomas Hammond
1742–1791, Amtmann 49
Melkorka Mýrkjartansdóttir
Sagafigur 370
Miles, Pliny
1818–1865, Verfasser
zahlreicher Werke, u. a. eines
Berichtes über Island
(*Norðurfari or Rambles in
Iceland*, 1854) 71
Minor
Schifführer 401
Móeiðr Hildisdóttir
Tocher vom Landnehmer
Hildir 128
Mohnike, Gottlieb Christian
Friedrich
1781–1841, deutscher Theologe
und Philologe 634, 644
Mohr, Nicolai
1742–1790, färöischer Natur-

Sprachforscher 553, 554
Moldenhauer
dän. Justizialrat 6, 11
Möller
dän. Kaufmann des 19. Jh.s
296
Momm, Johann
Kaufmann des 17. Jh.s aus
Rotterdam 568, 569
Mörðr gígja Sigmundarson
Sagafigur 77, 78
Müller
Amtmann 320, 341
Müller, Peter Erasmus
1776–1834, Bischof von
Roskilde und Historiker 458,
644, 660, 661, 676
Munch, Peter Andreas
1810–1863, norwegischer
Historiker 6, 11, 272, 634, 641,
642, 644, 664
Mussa
italienischer Missionar 24
Nansen, Hans
1598–1667, Bürgermeister von
Kopenhangen 568
Newton
britischer Reisender des 19.
Jhs. 22, 31
Nikolás Magnússon
1700–1742, Bezirksverwalter
73
Njáll Þorgeirsson
Sagafigur 77, 131, 134, 135,
140, 147, 148, 154, 156, 157, 162,
163
Nyerup, Rasmus
1759–1829, dän. Literatur- und
Sprachforscher 573
O'Hara
irischer Island-Reisender des

19. Jh.s 95
Oddgeir Stephensen
1812–1885, Departmentvorsitzender für das IslandMinisterium 6, 12
Oddgeirr von Oddgeirshólar
Landnehmer 690
Oddi Þorgilsson
12. Jh., Priester 633
Oddkell
Sagafigur 202
Oddný Magnúsdóttir 659
Oddr Ófeigsson
Sagafigur 599
Oddr skrauti
Sagafigur 468
Oddr Snorrason
12. Jh., Mönch vom Kloster
Þingeyrar und Sagaverfasser
319
Oddsen
Gastgeberin Maurers in
Reykjavík 31
Oddur Eyjólfsson
Gemeindevorsteher 159, 160,
186, 193, 195, 197, 199, 200,
201, 202, 206
Oddur Gíslason
1836–1911, Pastor 262
Oddur Gottskálksson
†1556, Rechtssprecher 340
Oddur Hjaltalín
1782–1840, Arzt 58, 91, 111,
396, 499, 502, 503, 517, 533,
553, 554
Oddur Jónsson
Bauer des 19. Jh.s und Führer
Maurers über den
Sprengisandur 180
Oddur Sigurðsson
1681–1741, Rechtssprecher

341
Oddur (Karl) Thorarensen
1862–1934, Apotheker 243,
252, 593
Oddur Vídalín
1759–1804, Bezirksverwalter
344
Ófeigr Skíðason
Sagafigur 599
Ögmundr Kálfsson
†1189, Abt der Klöster Flatey
und Helgafell 498
Ólafr inn hvíti Ingjaldason
9. Jh., Seekönig 363, 365, 703
Ólafr pái Höskuldsson
Sagafigur 357, 358, 366, 369,
370, 371, 372, 524, 571, 577
Ólafr Þórðarson hvítaskáld
ca. 1210–1259, Skalde,
Gesetzessprecher und
Verfasser 644
Ólafr feilan Þorsteinsson
Sagafigur und Gode 366
Ólafur Briem
1808–1859, Zimmermann
234, 238, 239
Ólafur Guðmundsson
1796–1867, Pastor 312
Ólafur Gunnlaugsson
1831–1894, Redakteur in
Belgien und Frankreich tätig
und politisch aktiv auf Island
6, 11
Ólafur Helgason
19. Jh., Pfarrer von Helgafell
499
Ólafur Indriðason
1796–1861, Pastor und
Dichter 175
Ólafur Johnsen
1809–1885, Pastor 14

Ólafur Johnsen (Einarsson)
1809–1885, Pastor 308, 464,
471, 472, 476, 479
Ólafur Jónsson
1811–1873, Bauer 333
Ólafur Ólafsson
1806–1883, Pastor 302, 312,
328
Ólafur Ólafsson
19. Jh., isl. Reiseführer bei der
Reise Maurers 51, 52, 57, 58,
59, 61, 67, 68, 91, 92, 93, 108,
109, 114, 118, 120, 125, 130,
140, 143, 146, 150, 151, 153, 163,
165, 166, 193, 194, 196, 201,
202, 206, 207, 209, 211, 212,
213, 218, 247, 252, 266, 271,
296, 304, 305, 349, 355, 519,
526, 531, 536, 545, 558, 591,
617, 618, 621, 622, 630, 631,
648, 650, 687, 689, 698, 701,
703
Ólafur Pétursson
1764–1843, Schmied 516, 517
Ólafur Sigurðsson
1790–1820, Pastor 451, 452,
453, 454, 455, 456
Ólafur Sívertsen
1790–1860, Pastor 484, 508,
525, 605
Ólafur Stefánsson
1731–1812, Stiftamtmann 593
Ólafur Stephensen
1791–1854, Amtmann 49, 232,
405, 416, 418, 419, 422, 424,
425, 428, 430, 433, 516, 517
Ólafur Thorarensen
1794–1870, Arzt 593
Ólafur Þorvaldsson
1806–1878, Pastor 273, 274,
276, 346

Olaus Magnus
1490–1557, schwedischer
katholischer Geistlicher,
Verfasser und Kartograph 572
Olav Olavius (auch Ólafur
Ólafsson)
1741–1788, isländischer
Gelehrter und Verfasser des
Berichts über Island
(*Ökonomisk Rejse igiennem
Island*) 225, 249, 271, 329, 394,
395, 401, 405, 410, 411, 418,
430, 512, 513
Óleifr hjalti
Landnehmer 648, 649
Oli Havsteen 291
Ólöf Jónsdóttir
Frau von Sigurður Jónsson
587, 588
Ólöf Loptsdóttir
ca. 1410–1479, politisch
engagierte Frau 385, 386
Olsen
norwegischer Kapitän 275
Önundr breiðskeggr Oddsson
(oder Úlfarsson)
Landnehmer und Gode 351,
600, 602, 625, 706
Órækja Snorrason
1205–1245, Snorris Sohn 378,
379, 606, 636, 638
Örlygr Böðvarsson
Sagafigur 651
Örlygr inn gamli Hrappsson
Sohn vom Landnehmer
Hrappr Bjarnarson 362, 703
Ormr Hvamm-Þórisson
Sagafigur 657
Ormr Loptsson
15. Jh., Befehlsmann 379
Ormr Stórólfsson

Sagafigur 561
Ormr Sturluson
1516–1575, Gesetzessprecher,
der Bischof Jón Arason
verurteilte 526
Ormur Narfason
16.–17. Jh., Pastor 44
Örn Hjaltason
Bauer bei der ersten Kirche in
Hólar 281
Örnólfr
Landnehmer 666, 672
Ósk Þorsteinsdóttir
Sagafigur 357, 365
Óspakr Ósvífsson
Sagafigur 364
Ósvífr Helgason
Sagafigur 368, 372
Özurr Heyangrs-Bjarnarson
Sagafigur 363
Páll Bayer
Landvogt 341
Páll Bjarnason Vídalín
1728–1759, Philosophie-
student 343
Páll Hallsson
13. Jh., Priester 379
Páll Hjálmarsson
1752–1830, Pastor und Rektor
der Lateinschule von Hólar
452
Páll Jónsson
1843–1875, Pastor 522, 523,
526
Páll Matthiesen
1811–1880, Pastor 358, 359,
367, 375, 376, 377
Páll Melsteð (Pálsson)
1812–1910, Historiker,
Bezirksverwalter und Alþingi-
Abgeordneter 109, 485

Páll Melsteð (Þórðarson)
1791–1861, Gemeinde-
vorsteher 290, 485
Páll Ólafsson
Bauer des 19. Jh.s 331
Páll Sigurðsson
1808–1873, Bauer und
Alþingi-Abgeordneter 150,
151, 153, 155, 158, 335
Páll Sölvason
†1185, Priester 627, 633, 645
Páll Thorarensen Vídalín
Jurist 335, 336, 337, 343
Páll Vídalín (Jónsson)
1667–1727, Bezirksverwalter
und Gesetzessprecher 96, 320,
339, 341, 342, 343, 344, 471, 477
Peerson, Georg 338
Pétur Eggertz (Friðriksson)
1831–1892, Kaufmann 476,
477, 479
Pétur Pétursson
1808–1891, isländischer Jurist,
Verfasser der *Commentatio de
jure ecclesiarum in Islandia* 39,
48, 175, 263, 274, 343, 509
Pétur Sigurðsson
Stallbursche und Begleiter der
Reise Maurers 52, 61, 63, 88,
90, 91, 93, 108, 109, 167, 194,
202, 206, 207, 212, 222, 225,
230, 232, 233, 234 252, 271,
305, 355, 389, 462, 463, 519,
595, 622, 647, 701, 702, 708
Pétur Stephensen
1797–1867, Pastor 110
Pontanus, Johannes
1571–1639, dän. Historigraph
338
Pontoppidan, Carl
1748–1822, norw. Verfasser

und Kaufmann 46
Preyer, William Thierry
1841–1897, englischer
Naturforscher,
Mitherausgeber des
Reiseberichts über Island
(*Reise nach Island im Sommer
1860*, 1862) 390, 402, 415,
416, 432, 517, 614, 615, 619,
620, 624
Raadebant, Markus
Bürger von Kopenhagen Mitte
des 17. Jh.s 568
Rafn Oddsson 301
Rafn, Carl Christian
1795–1864, dän. Archäologe
und altnordischer Philologe 6,
11, 144, 573
Ragnarr loðbrók
mythische Heldensagefigur
275
Ragnhildur Skúladóttir 509, 510
Rannveig Hallgrímsdóttir
1802–1874, Frau vom
Verwalter Stefán Jónsson
260, 261
Rask, Rasmus Christian
1787–1832, dänischer
Sprachforscher 458
Refr hinn gamli Þorsteinsson
Landnehmer 657, 658, 696
Richie, John
englischer Geschäftsmann des
19. Jh.s 569, 570
Rink, Hinrich Johannes
1819–1893, dänischer Geologe
und Grönlandforscher 413,
419, 432, 448
Runólfr goði Úlfsson
Sagafigur 147
Runólfur (Magnússon) Ólsen

Administrator 77, 317, 318,
320, 327, 328
Rúnolfur M. Ólsen
1810–1860, Autor einer
handschriftlichen Chronik des
Þingeyrar-Klosters 305, 306
Sæmundr fróði Sigfússon
1056–1133, Gelehrter und
Historiograph 126, 633, 642
Sæmundr inn suðreyski
Landnehmer 269
Sæmundr Jónsson
12.–13. Jh., Sohn von Jón
Loptsson, dem Ziehvater
Snorris 633
Sæmundur
Bauer des 16. Jh.s 329
Sæmundur Hólm
1749–1821, Pastor 499, 503
Sæmundur Jónsson
1832–1896, Pastor 158, 160
Schøning, Gerhard
1722–1780, norw. Historiker
630, 634, 640, 643, 644
Seames
irischer Island-Reisender des
19. Jh.s 95
Síðu-Hallr Guðmundsson
Sagafigur 77
Siemsen, Karl
deutscher Geschäftsmann des
19. Jh.s 29, 570
Sigfús Þórðarson
Bischofsdiener 106
Sighvaldi
19. Jh., Pastor 331
Sighvatr Sturluson
1170–1238, Gode und Bruder
Snorris 238, 272, 378, 632, 637
Sighvatur Árnason
1823–1911, Bezirksverwalter
144, 145, 146, 147, 148, 149,
150, 160
Sigmundr, Bettler
Sagafigur 654, 663, 664
Sigmundur Pálsson
Kaufmann des 19. Jh.s 295
Signý Valbrandsdóttir
Sagafigur 653, 654, 659, 662
Sigríðr Þórarinsdóttir
Sagafigur 627
Sigríður Stefánsdóttir
Ehefrau des Bezirksverwalters
Þórarinn Jónsson 593
Sigurðr í Hlíð 253
Sigurðr jarl Hlöðversson
960–1014, Jarl der Orkneys
600
Sigurðr jarl in Westgötaland
600
Sigurðr inn landverski
Landnehmer 134
Sigurðr Ormsson
12. Jh., Gode 253
Sigurðr Torfafóstri
Sagafigur 654, 657, 664
Sigurður
Bruder von síra Jón von
Halldórstaðir 219
Sigurður (Gíslason)
Thorarensen
1789–1865, Pastor 123, 124,
127
Sigurður Björnsson
1643–1723, Gesetzessprecher
341
Sigurður Gíslason
†1688, Dichter 478
Sigurður Guðmundsson
1833–1874, Künstler 6, 392,
574, 575, 576, 577
Sigurður Guðnason

19. Jh., Gemeindevorsteher
von Ljósavatn 222
Sigurður Gunnarsson
1812–1878, Pastor 184, 225,
226, 227
Sigurður Hallgrímsson
19. Jh., Bauer vom Hof
Halldórsstaðir 217, 218
Sigurður Jónsson
ca. 1590–1661, Pastor zu
Presthólar und Dichter 174
Sigurður Jónsson landi
Bruder von Jón Jónsson enski
298
Sigurður yngri Jónsson
1679–1761, Bezirksverwalter
587, 588, 589
Sigurður Melsteð
1819–1895, Lehrer 109, 485
Sigurður Pálsson
1815–1897, Gemeinde-
vorsteher 101, 102
Sigurður Sigurðsson
Bauer aus der Dalasýsla 451
Sigurður Sigurðsson
Dichter 613
Sigurður Sigurðsson
Fährmann 299, 300
Sigurður Tómasson
1804–1867, Pastor 251
Sigurður von Grenjaðarstaðir
Officialis von Hólar 321
Símon Bech
1814–1878, Pastor 67, 69, 70,
72, 74, 77, 78, 85, 86, 87, 88, 93
Símon Jónsson
1802–1865, Bauer 709
Skafti Jósepsson
1839–1905, Redakteur 333,
334
Skalla-Grímr Kveld-Úlfsson

Landnehmer 351, 352, 561,
562, 563, 564, 565, 566, 570,
586, 626, 646, 648, 651, 666,
666, 705
Skapti Þórarinsson
Sagafigur und Priester des 12.
Jh.s 705
Skapti Þóroddsson
Sagafigur 77
Skarphéðinn Njálsson
Sagafigur 107, 147
Skeggi Skinna-Bjarnarson
(Miðfjarðar-Skeggi)
Landnehmer 345
Skeggi Þórarinsson
Sagafigur 520
Skorri
Sagafigur, irischer Sklave vom
Landnehmer Ketill 652
Skúli Gíslason
1825–1888, Pastor 165, 168,
169, 170, 171, 173, 175, 177, 180,
181, 183, 184, 195, 206, 213,
214, 215, 305, 330
Skúli jarl Bárðarson
1184–1241, norwegischer Jarl
635, 636, 637, 638, 639, 643
Skúli Magnússon
1711–1794, Landvogt 45, 398,
404, 432, 509, 512
Skúli Thorarensen
1805–1872, Artz und Alþingi-
Abgeordneter 126, 127, 128,
129, 130, 134, 164
Skúli Thórðarson Thorlacius
1741–1815, Philologe 565
Smiðkell
Sagafigur 605, 606
Smith
Kaufmann 13, 621
Smith, Martin

Konsul 51, 712
Snælaug Högnadóttir
Sagafigur 649
Snorri Björnsson
1710–1803, Pastor und
Dichter 623
Snorri goði Þorgrímsson
Sagafigur und Gode 77, 352,
368, 474, 493, 497, 498, 540,
583
Snorri Húnbogason
†1170, Gesetzessprecher 385
Snorri Narfason (Skarðs-Snorri)
†1260, Priester und Neffe von
Snorri Húnbogason 385
Snorri Sturluson
1179–1241, Gesetzessprecher,
Skalde und wichtigster
isländischer Verfasser des
Mittelalters 378, 379, 598, 606,
627, 629, 631, 632, 633, 634,
635, 636, 637, 638, 639, 640,
641, 642, 643, 644, 645, 646
Södering
dänischer Sekretär 17, 21
Sökkólfr
Sagafigur, Freigelassener von
Auðr 366
Solander, Daniel Carlsson
1733–1782, schwed. Botaniker
und Island-Reisender 501
Solveig Kortsdóttir 700
Solveig Þorleifsdóttir 379
Sölvi Guðmundsson
19. Jh., Bauer von Sjáfarborg
295
Sölvi í Geitlandi
Sagafigur 626
Sörenskriver
Landrichter der Färöer 13
Sörli sterki

Sagafigur 264
Sóti
Landnehmer 316, 657, 658,
664
Starkaðr Barkarson
Enkel vom Landnehmer
Þorkell 161
Starri Þorgestsson (Hólm-Starri)
Sagafigur 626, 627
Stefán
Bauer auf dem Hof zu
Kalmanstúnga 621
Stefán
Pfarrer von Viðvík 290, 291
Stefán Björnsson
1813–1860, Pfarrer und
Kaplan in Hólar 277, 279, 280
Stefán Eggertsson
Bauer des 19. Jh.s 481
Stefán Einarsson
1836–1878, Bauer 298
Stefán Jónsson
1802–1890, Verwalter und
Alþingi-Abgeordneter 260
Stefán Thorarensen
1783–1823, Amtmann 232,
256, 593
Stefán Thordersen
1829–1889, Pastor 122, 160
Stefán Þórarinsson
1754–1823, erster Amtmann
im Nordlande 244, 454
Steinarr Önundarson
Sagafigur 579
Steinke
Kaufmann des 19. Jh.s 296
Steinn mjöksiglandi
Vigbjóðsson
Landnehmer 548
Steinólfr inn lági Hrólfsson
Landnehmer 375, 380, 383,

490
Steinunn Guðbrandsdóttir
1571–1649, uneheliche Tochter
von Bischof Guðbrandur und
Mutter von Bischof Þorlákur
Skúlason 341
Steinþórr Þorláksson
Sagafigur 494
Steinvör
Sagafigur, Frau von Þorsteinn
hvíti 221
Stórólfr Hængsson
Sagafigur 561
Stuart, Henry
1545–1567, Earl of Darnby 20
Sturla goði Kalmansson
Sagafigur 581, 606, 621
Sturla Sighvatsson
1199–1238, Gode und Skalde
272, 606, 635, 636, 643, 649
Sturla Þórðarson
1214–1284, Historiograph,
Skalde, Gesetzessprecher und
Snorris Neffe 348, 378, 379,
458, 631, 632, 644, 678, 679,
680, 683
Sturlaugur Einarsson
Bauer auf den Rauðseyjar im
19. Jh. 391
Styrmir Hreinsson
Sagafigur 600
Styrmir inn fróði Kárason
Gesetzesprecher und Gelehrter
des 13. Jh.s 600, 638, 644,
660, 662, 678, 679, 683
Sumarliði Hrappsson
Sagafigur 357
Sumarliði Sumarliðason
Silberschmied 469, 471
Svaði von Svaðastaðir
Sagafigur 274

Svartr
Sagafigur, irischer Sklave vom
Landnehmer Ketill 652
Svartr Úlfsson aurgoði
Sagafigur 126
Sveinbjörn Egilsson
1791–1852, Rektor, Dichter
und Verfasser 486, 600
Sveinbjörn Guðmundsson
1818–1885, Pastor 710
Sveinbjörn Hallgrímsson
1815–1863, Pfarrer und
Redakteur des Blattes
Þjóðólfur 241, 247
Sveinn Nielsson
1801–1881, Pastor 545
Sveinn Skúlason
1824–1888, Pfarrer, Redakteur
der Zeitung *Norðri* und
Verantwortlicher für die
Druckerpresse in Akureyri
244, 245, 246, 247, 248, 252,
307, 318, 330, 634
Svertingr Hafrbjarnarson
Sagafigur und Skalde 601
Svertingr Þorleifsson
12.–13. Jh., Sagafigur und
Skalde 378
Tacitus, Publius Cornelius
ca. 58–120, bedeutender
römischer Historiker und
Senator 62
Teitr
Prior von einem
Augustinerkloster 254
Teitr Gizzurarson
mächtiger Isländer des 11. Jh.s
664
Teitr Ketilbjörnsson
Sohn vom Landnehmer
Ketilbjörn gamli Ketilsson

105
Thanke, Morten
dän. Gefolgsmann des 17. Jh.s
568
Thienemann, Friedrich August
Ludwig
1793–1858, deutscher
Mediziner und Ornithologe
234, 432, 433
Thodal, Lauritz Andreas
Andersen
1718–1808, norwegischer
Amtmann 49
Thomsen, Hans Theodor
August
1834–1899, Geschäftsmann
13, 25, 29, 570
Thorsen, Professor 6, 11
Þorsteinn
Enkel von Snorri Björnsson
623
Tindr Hallkelsson
Sagafigur 581, 664
Tómas Ásmundsson
Bauer und erster Besitzer vom
Hof Steinsstaðir 261
Tómas Sæmundsson
1807–1841, Pastor 158
Tómas Þorsteinsson
1814–1895, Pastor 295
Torfi Steinsson
Sattler des 19. Jh.s 58
Torfi Valbrandsson
Sagafigur 606, 607, 626, 653, 654, 655, 657, 659, 662, 663, 664, 665
Trampe, Graf Jørgen Ditlev
1807–1868, dän. Adliger und
Amtmann 49, 51, 69, 88, 123, 129, 159, 160, 161, 244, 309, 711, 712

Trampe, Gräfin 13
Trampe, Sophus
Sohn von Graf Jørgen Ditlev
161
Troil, Uno von
1746–1803, schw. Theologe,
der 1772 eine Reise nach Island
unternahm 415, 430, 501, 556
Tryggvi Gunnarsson
1835–1917, Bankdirektor 245
Tungu-Oddr Önundarson
Landnehmer 564, 580, 625, 626, 629, 667, 668, 669, 670, 671, 672, 675, 676, 679, 681, 684
Þankbrandr
deutscher Missionar im
Auftrag von König Ólafr
Tryggvason in Island tätig 371
Þjóstólfr
Sagafigur, stammend aus den
Hebriden 519, 524
Þórarinn
Kaufmann des 19. Jh.s 252
Þórarinn Hallkelsson
Sagafigur 581
Þórarinn illi
Sagafigur 627
Þórarinn Jónsson
1719–1767, Bezirksverwalter
593
Þórarinn Ólafsson
Sagafigur 649
Þórarinn Smiðkelsson
Sagafigur 606
Þórarinn Þórisson
Sagafigur 368, 372, 373, 374
Þorbjörg Grímkelsdóttir
Sagafigur, Schwester von
Hörðr 654, 655, 657, 658, 662, 663, 664

Þorbjörg hólmasól Helgadóttir
Sagafigur 237
Þorbjörn
Sagafigur, Pflegevater von
Hersteinn Ketilsson 669
Þorbjörn Arnórsson öxnamegin
Sagafigur 348
Þorbjörn Böðvarsson tálkni
Landnehmer 362
Þorbjörn hornklofi
9.–10. Jh., norwegischer
Skalde 403
Þorbjörn Hraðason
Sagafigur 706
Þorbjörn loki Böðmóðsson
Landnehmer und Snorris
Vorfahre 631
Þórdís Egilssdóttir
Sagafigur 564
Þordís spákona 305
Þordís Þórólfsdóttir
Sagafigur 705
Þórðr
Landnehmer am Skagafjörður 275
Þórðr (auch Höfða-Þórðr)
Landnehmer 275
Þórðr Böðvarsson
†1220, Priester und Snorris
Onkel 633
Þórðr bugaldi
Sagafigur 585
Þórðr hreða Þórðarson
Sagafigur 156, 264, 277, 345
Þórðr Ingunnarson
Sagafigur, dritter Mann von
Guðrún Ósvífrsdóttir 370
Þórðr Kolbeinsson
Sagafigur und Skalde 365, 539, 540, 565
Þórðr Kolgrímsson

Sagafigur 658
Þórðr Ólafsson gellir
Sagafigur, Nachkomme der
Auðr 365, 366, 490, 669, 670, 672, 674, 680, 684
Þórðr prestr Böðvarsson
Sagafigur 649
Þórðr skeggi Hrappsson
Sagafigur 703, 704
Þórðr Sölvason
Sagafigur 626
Þórðr Sturluson
1165–1237, Gode und Bruder
Snorris 632
Þórðr Þorgeirsson
Sagafigur 652
Þórður Jónasson
1800–1880, Richter 62
Þórður Jónsson zu
Rauðkolsstaðir
Bauer und Träger des
Dannebrogordens 535
Þórður Jörundsson
Bauer des 19. Jh.s 93, 94, 95, 98
Þórður Sveinbjarnarson
1786–1856, Richter 341
Þórður Þorláksson
17. Jh., Gelehrter 404
Þórður Þorsteinsson
Zeitgenosse Maurers 259
Þórey
Sagafigur 316, 344
Þorgeir Guðmundsson
1794–1871, Pastor in Nysted
(Dänemark) 239
Þorgeirr Ásgrímsson
Landnehmer 126
Þorgeirr blundr
Sagafigur 666
Þorgeirr golnir Þórólfsson

Sagafigur 140
Þorgeirr gyrðilskeggi
Sagafigur 606, 657
Þorgeirr Hávarðsson
Sagafigur 242, 473, 474
Þorgeirr inn hörðski Bárðarson
Sagafigur 139, 140
Þorgeirr Otkelsson
Sagafigur 157
Þorgeirr Starkaðarson
Sagafigur 161
Þorgeirr Þórisson skorargeirr
Sagafigur 140
Þorgeirr Þorkelsson
Ljósvetningagoði
10. Jh., Gesetzessprecher 77, 222
Þorgerðr
Frau vom Landnehmer Höfða-Þórðr 275
Þorgerðr
Sagafigur, Enkelin von Auðr 365
Þorgerðr Egilsdóttir
Sagafigur, Tochter von Egill Skalla-Grímsson 357, 370, 396, 571
Þorgerðr hörgabrúðr
Sagafigur 655
Þorgerðr Þorsteinsdóttir
Sagafigur 523
Þorgils Arason
†1170, Priester und Sohn von Ari inn fróði 497
Þorgils Gellisson
11. Jh., Vater von Ari inn fróði 497
Þorgils Heyangrs-Bjarnarson
Sagafigur 363
Þorgils Hölluson
Sagafigur 385

Þorgils Oddason
Sagafigur 378
Þorgils Oddsson
Sagafigur 474
Þorgils Snorrason
†1201, Priester 632
Þorgrímr Hallormsson
Kornsárgoði
Sagafigur 331
Þorgrímr Helgason goði
Sagafigur 380, 696
Þorgrímr Kjallaksson
Sagafigur 491, 492
Þorgrímr skinnhúfa
Sagafigur und Skalde 330
Þorgrímr Þöngull
Sohn des Landnehmers Barna-Kjallakr 515
Þorgrímur Guðmundsson Thorgrímsen
1788–1870, Pfaffer auf Hof Saurbær 689
Þórhaddr Steinsson
Landnehmer 548
Þorhallr spámaðr
Sagafigur 665
Þórhildr
Sagafigur, Enkelin von Auðr 366
Þórhildr spákona
Sagafigur 665
Þórhildr Vaðlaekkja
Sagafigur 242
Þórir
historische Figur 190
Þórir dúfunef
Sagafigur, Freigelassener 272
Þórir Grímsson (Sel-Þórir)
Landnehmer 534
Þórir Hámundarson heljarskinn
Sagafigur 238

Þórir Ketilsson snepill
  Landnehmer 229
Þórir Oddsson (Gull-Þórir)
  Landnehmer 392, 468, 471
Þórir sælingr
  Sagafigur 368
Þórir Þorgeirsson (Holta-Þórir)
  Sagafigur 140
Þorkell Blundketilsson
  Sagafigur 677, 678
Þorkell bundinfóti
  Rauðfeldarson
  Landnehmer 161
Þorkell Eyjúlfsson
  Sagafigur 497, 519
Þorkell Gellisson
  Sagafigur 497
Þorkell hávi von Mývatn
  Landnehmer 240
Þorkell Jónsson Fjeldsted
  Gesetzessprecher auf den
  Färöer-Inseln 399
Þorkell Starkaðarson
  Sagafigur 161
Þorkell Súrsson
  Sagafigur 468
Þorkell trandill
  Priester 319
Þorkell trefill Rauða-Bjarnarson
  Sagafigur 357, 669
Þorlákr auðgi
  Sagafigur 548
Þorlákur Bjarnason
  †1673, Pastor 572
Þorlákur Guðbrandsson
  Bezirksverwalter in Ísafjörður
  und Enkel von Arngrímur
  Jónsson 339
Þorlákur Ólafsson
  Sohn von Ólafur Johnsen 308
Þorlákur Óláfsson 472, 476

Þorlákur Ólafsson Johnsen
  19. Jh., Pastorsohn 464
Þorlaug Þorláksðottir
  Schwester von Björn
  Þorláksson 308
Þorleifr beiskaldi Þorláksson
  Sagafigur und Gode 548, 549,
  551
Þorleifr Þórðarson
  Sagafigur 649, 650
Þorleifur Jónsson
  1781–1853, Propst von
  Hvammur 360, 367, 374, 375,
  515, 519, 521
Þorleikr Höskulsson
  Sagafigur 356, 369, 370
Þormóðr
  Sagafigur, irischer Sklave vom
  Landnehmer Ketill 652
Þormóðr Bresason
  kolbrúnarskáld
  Sagafigur 473, 690
Þormóðr Oddsson goði
  Sagafigur 491
Þormóðr Þjóstarsson
  Sagafigur 627
Þóroddr
  Landnehmer 348
Þóroddr Tungu-Oddsson
  Sohn des Landnehmers
  Tungu-Oddr Önundarson
  675, 676, 679
Þórólfr Kveld-Úlfsson
  Sagafigur 561
Þórólfr Örnólfson
  Mostrarskeggr
  Sagafigur 486, 487, 488, 490,
  491
Þórólfr refr Eysteinsson
  Sagafigur 582, 681
Þórólfr Skalla-Grímsson

Sagafigur 563, 564
Þórólfr smjör
Sagafigur 696
Þórólfr starri
Sagafigur 658
Þorsteinn Daníelsson
1796–1882, Schiffbauer in
Akureyri 246, 282
Þorsteinn drómundr
Sagafigur 660
Þorsteinn Egilsson
Sagafigur und Sohn des Egill
Skalla-Grímsson 565, 579, 584,
599, 602, 676, 679
Þorsteinn Gíslason von Bær
Sagafigur 540
Þorsteinn Gíslason
1776–1838, Gemeindevorsteher 461
Þorsteinn gullknappr
Sagafigur 656, 657, 658
Þorsteinn Helgason
1806–1839, Pastor 630
Þorsteinn Hjálmersen
1794–1871, Pastor 544, 552, 557, 590
Þorsteinn hvíti
Sagafigur 221
Þorsteinn inn rauði Ólafsson
Sagafigur 365, 703
Þorsteinn Ivarsson
Zeitgenosse Snorris 633
Þorsteinn Jónsson
1800–1881, Bezirksverwalter 226
Þorsteinn Kuggason
Sagafigur 519, 520
Þorsteinn öxnabroddr
Sagafigur 657, 690
Þorsteinn Pálsson
1806–1873, Pastor 229, 230, 245
Þorsteinn Sölmundarson
Landnehmer 351, 696
Þorsteinn surtr
Sagafigur, Häuptling in
Þorkafjörður 357, 365
Þorsteinn Þórólfsson þorskabítr
Sagafigur 490, 491, 492, 493, 497
Þorsteinn von Stokkahlaðir 461
Þórunn hyrna Ketilsdóttir
Tochter vom Landnehmer
Ketill flatnefr 237, 363, 703
Þórunn Skalla-Grímsdóttir
Sagafigur 666
Þorvaldr Haldórsson
Sagafigur, zweiter Mann von
Guðrún Ósvífsdóttir 370
Þorvaldr holbarki
Sagafigur 605
Þorvaldr víðförli Koðránsson
Sagafigur 520
Þorvaldr Ósvifsson
Sagafigur, erster Ehemann von
Hallgerðr 524
Þorvaldr Tungu-Oddsson
Sohn des Landnehmers
Tungu-Oddr Önundarson
668, 670, 672, 676, 684
Þorvaldur Böðvarsson
1758–1836, Pastor 346
Þorvaldur Sívertsen
1798–1863, Ombudsmann
484, 508, 510, 513, 514, 517, 605
Þorvarðr inn auðgi Ásgrímsson
Sagafigur 632
Þorvarðr Spak-Böðvarsson
historische Person, die die
erste Kirche auf Island baute
278

Þorvarður Jónsson
1821–1900, Pastor 140, 142,
145
Þorvarður Ólafsson
1829–1872, Gemeinde-
vorsteher 516
Þráinn Sigfússon
Sagafigur 147
Þuríðr drikkin
Sagafigur 467
Þuríðr Grímkelsdóttir
Sagafigur 654
Þuríðr Gunnarsdóttir
Sagafigur 669, 670, 684
Þúríðr Þórðardóttir
Sagafigur 704
Ulfheðinn Gunnarsson
Gesetzessprecher 673
Úlfljótr
9. –10. Jh., Gesetzessprecher
75, 361
Úlfr Bjálfason → Kveld-Úlfr
Úlfr Grímsson
Landnehmer 626
Úlfr inn skjálgi Högnason
Landnehmer 383, 473
Úlfr örgoði
Stammesvater der Sturlungen
337
Úlfr Uggason
Ende 10. Jh., Skalde 357
Úlmann Ármansson
Sagafigur 704
Valbrandr inn gamli Valþjófsson
Sagafigur 653, 659
Valgarðr inn grái Jörundarson
Landnehmer 148
Valgerður Gísladóttir
Tochter von Gísli Hákonarson
387, 388
Veðormr Vemundarson

Herrscher aus Norwegen 110
Véleifr inn gamli Þorgeirsson
Sagafigur 375
Velschow
Verkäufer auf Island im 19. Jh.
296, 297
Vermundr mjóvi Þorgrímsson
Sagafigur 364, 492
Vernharður Þorkelsson
1785–1863, Pastor 625, 628,
629, 631, 647
Vésteinn Vésteinsson
Sagafigur 468
Vibe, Joachim Chri¬stian
1749–1802, norw. Amtmann
49
Vífill
Sagafigur, Freigelassener von
Auðr 366
Víga-Sturla
Sagafigur 378
Víga-Stýrr
Sagafigur, Nachkommen von
Ketill flatnefr 352, 364, 583
Vigdís
Sagafigur, Enkelin von Auðr
366
Vigdís Hallsteinsdóttir
Sagafigur, Frau von Víga-
Hrappr 357
Vígfús Bjarnason
Sohn des Dichters Bjarni
Þórarinsson 515, 517
Vigfús Gíslason
18.–19. Jh., Goldschmied und
Vater von Guðbrandur
Vigfusson 377
Vigfús Jónsson
1706–1776, Pastor von
Hítadalur und Propst des
Bezirkes 547, 589, 590

Vigfús Reykdal
1783–1862, Pastor 528, 590
Vigfús Þórarinsson
1756–1819, Bezirksverwalter
593
Vigfúss Eyjúlfsson
Sagafigur 240
Vilborg
Tochter von König Oswald
von Northumbria 704
Vilfríður völufegri
isl. Entsprechung von
Schneewittchen 239
Vilmundr
erster Abt vom Kloster
Þingeyrar 319
Vöflu-Gunnarr
Sagafigur 469
Wachter, Ferdinand
1794–1861, Geschichtsforscher
634, 643, 644
Walther, Konrad
Bediensteter am Salzwerk zu
Wallön 399
Werlauff, Erich Christian
1781–1871, dän. Historiker 317
Winkler, Georg
1820–1896, deutscher
Mineraloge und Begleiter
Maurers auf der Reise 10, 14,
25, 58, 59, 67, 90, 92, 93, 94,
96, 98, 100, 103, 108, 119, 145,
155, 164, 166, 167, 168, 169,
183, 193, 194, 202, 206, 207,
209, 212, 214, 218, 245, 247,
252, 259, 260, 261, 262, 271,
295, 297, 298, 321, 328, 348,
355, 485, 514, 519, 525, 526,
545, 591, 593, 594, 595, 596,
612, 616, 620, 622, 630, 631,
690, 691, 701
Wogel, Mathias Jochimsen 398
Wolley, John
1823–1859, englischer
Ornithologe 22, 31
Worm, Ole (auch Olaus
Wormius)
1588–1654, dänischer
Mediziner, Reichs-Antiquar
und Mitbegründer der dän.
Archäologie 569, 571, 572, 578
Zirkel, Ferdinand
1838–1912, deutscher Geologe,
Mitherausgeber
Mitherausgeber des
Reiseberichts über Island
(*Reise nach Island im Sommer
1860*, 1862) 390, 416, 432, 517,
607, 614, 615, 616, 617, 618,
619, 620, 624
Zoega, Johannes 70
Zwehl, Staatsminister 10

Ortsnamenregister

Im Falle der Ortsnamen wurde eine Vereinheitlichung bzw. eine Berichtigung nach der modernen isländischen Orthographie vorgenommen.

Aðalvík 651
Æsustaðir 707
Affall 131, 132, 136
Afglapaskarð 260
Akradalur 271, 345
Akrafell 43
Akrafjall 37, 538, 559, 688, 689, 691
Akranes 140, 351, 626, 649, 654, 688, 690, 691, 695
Akrar 157, 271, 565, 566
Akratunga 157
Akur 312, 361
Akureyjar 393, 476
Akureyri 218, 219, 225, 226, 231, 233, 242, 243, 246, 247, 248, 251, 252, 262, 298, 411, 459, 461, 507, 513, 593, 701
Álar 131, 132, 137, 139
Álfahóll 346, 612
Álfahólsvatn 346
Álfatraðir 530
Álftá 558, 559, 602
Álftafjörður 494, 533
Álftanes 36, 41, 42, 563, 565, 652
Almannagjá 66, 72, 74, 75, 78, 89
Ánabrekka 560, 562
Andakíll 562, 592, 651
Andakílsá 626, 651, 686
Árkvörn 150, 335
Ármannsfell 72, 75, 89, 100, 279, 671, 697
Ármót 116
Arnarbæli auf Grímsnes 114, 114, 118, 120, 121
Arnarbæli im Ölfus 118, 358

Arnarfell 192, 205, 206, 272
Arnarfell, lítla 205
Arnarfell, stóra 205
Arnarfellsjökull 192, 198, 204, 206, 208, 267, 586
Arnarfellsvegur 200, 202
Arnarfellsver 203
Arnarfjörður 412
Arnarstaðavogur 489
Arnarvatnsheiði 315, 387, 606, 607
Ás 198, 277, 300, 552, 604
Ásgarðsstapi 368
Ásgarður im Sælingsdalur 518
Áslákstunga 188
Ásólfsskáli 140, 691
Ásólfstaðir 185
Auðkúluheiði 311, 315
Auðkúlustaðir 265
Auðsholt 118, 119
Austurdalur 267
Austurhlíð 91, 92, 103
Austurlandeyjar 132, 133, 136, 158
Axlaröxl 329
Bægisá 260
Bæjarfell 549, 553
Bær 314, 318, 352, 361, 387, 581, 583, 649, 704
Bakkasel 263
Bakki 261, 311, 331, 332, 586
Bálkastaðanes 315, 345
Ballará 481
Balljökull 586, 613
Bárðardalur 203, 206, 208, 217, 219, 229, 362

Bárðaströnd 386, 391, 394, 452,
  453, 456, 494, 511
Barkarstaðir 154
Barnafellsfoss 225
Barnafoss 603
Beigaldi 562
Beitistaðir 513
Bergálfstaðir 188
Berghver 475
Bergþórshellir 102
Bergþórshvoll 134, 137, 139, 161
Bergþórsleiði 105
Berjufjarðarháls 479
Berlin 1, 10
Berserkjahraun 487, 492, 493,
  494
Berufjörður 410, 468, 472
Bessastaðir 48, 49, 158, 204,
  279, 634, 640
Bildudalur 412
Biskupstungur 104, 105, 203,
  210
Bitrufjörður 313, 314, 354
Bjarnanes 410, 533
Bjarnarfell 95, 141
Bjarnarhafnarfjöll 495, 496
Bjarnarhellir 555, 572
Bjarnarhöfn 364, 487, 490, 493,
  514
Bjarnastaðir 290, 329, 582, 603
Bjarneyjar 158, 393, 519
Bláfell 95, 99, 102
Blanda 258, 268, 310, 311, 312,
  315, 324, 326
Bláskógar 89
Blautakvísl 199, 200, 203
Blesi 96
Blöndudalur 317
Blönduhlíð 268, 269, 270, 272
Blundsvatn 666
Bolagrófarhöfði 189

Boldjökull 586, 598
Bólstaður 494
Borðeyri 348, 349, 412, 477
Borg 334, 370, 374, 557, 560,
  562, 565, 570, 571, 574, 576, 577,
  583, 585, 599, 601, 633, 634,
  651, 676
Borgarey 268
Borgarfjörður 43, 130, 315, 336,
  410, 540, 559, 562, 569, 570,
  580, 582, 587, 598, 599, 606,
  609, 613, 631, 651, 652, 667,
  685, 686, 688, 693
Borgarhraun 351, 541, 542, 562
Borgarvirki 334
Botnsá 351, 693, 696
Botnsdalur 654, 691, 692, 693,
  697
Botnsheiði 691, 692, 696, 697
Breiðabólsstaður 158, 159, 161,
  322, 335, 339, 604, 625, 655
Breiðafjörður 157, 348, 353, 358,
  364, 366, 383, 384, 387, 389,
  393, 394, 396, 403, 409, 412,
  413, 414, 423, 424, 425, 426,
  430, 431, 433, 435, 443, 450,
  472, 484, 487, 494, 519, 534,
  537, 652
Brokey 403, 405, 422, 482, 511
Brúará 91, 104, 109, 110
Brynjudalsá 351
Brynjudalur 351, 657, 691, 692,
  696, 697
Búðafoss 177, 179, 180
Búðardalur 377
Búðarháls 191
Búgaldi 586
Búrfell 72, 89, 95, 141, 181, 185,
  187, 189
Caithnes 365
Dagmálafjall 236

Dalsá 191, 192
Danski hóll 239
Deildardalur 269, 292, 295, 296
Deildargil 623
Deildartunga 648
Digranes 571
Dímon 147, 148, 187
Dímon, litla 147
Dímon, stóra 147, 148
Dímunarklakkar 147, 482, 483, 494
Djúpadalsá 235
Djúpidalur 240, 467
Djúpifjörður 465, 631
Djúpós 132, 133
Dögurðará 366
Dögurðarnes 366, 482, 494, 514, 518, 529, 692
Dragi 686, 688
Drangasker 465
Drangey 270, 274, 292, 293
Drangshlíðarfjall 141, 142
Drangshlíðarhellir 142
Drangur 261, 558
Drápuhlíðarfjöll 495
Draugaklettur 185
Drífandi 143, 146
Dyngjur 189
Dynkur 628
Dýrafjörður 397, 412
Dyrhólaey 141
Efstadalsfell 103
Eingey 409, 421
Einhyrningur 152
Eiríksjökull 586, 610, 613
Eiríksvogur 482, 483
Eldborg 531, 538, 542
Elliðaá (auch Hellirá) 63, 537, 570, 697
Elliðaey 537
Elliðatindar 537

Elliðavík 537
Esja 37, 42, 63, 181, 538, 689, 691, 697, 700
Eskilfjörður 410, 413
Espihóll 233, 234, 239
Eyjadalsá 215, 221, 224
Eyjafjallajökull 26, 41, 120, 125, 131, 134, 135, 150, 152, 154, 180
Eyjafjarðará 231, 237
Eyjafjöll 130, 132, 134, 137, 149, 151, 181, 185
Eyjafjörður 206, 208, 218, 225, 238, 240, 243, 253, 264, 267, 270, 279, 308, 364, 366, 411, 593
Eyjarhreppur 539
Eyjúlfsfen 199
Eyrarbakki 88, 120, 328, 409, 410
Eyrarfjöll 497
Eyri 386, 452, 666, 684
Eyvindarholt 144, 146, 148, 158, 159
Eyvindarmúli 146, 149, 150, 154, 155, 158, 160, 591
Eyvindarstaðir 634
Eyvindarver (Eyvindarkofaver) 203, 216
Fagradalstunga 380
Fagradalur 377, 380, 466, 529
Fagradalur innri 380
Fagradalur ytri 380
Fagranes 263
Fagraskógarfjöll 538, 542, 543
Fagrihóll 495
Fagriskógur 188
Fanntófell 598, 623
Fáskrúðará 359
Fáskrúðsfjörður 410, 533
Faxafell 555
Faxafjörður 26, 40, 41, 353, 534,

695
Feldarhólmur 483
Feldströnd 530
Ferjubakki 586, 587, 592
Ferjukot 586
Ferstikla 657
Ferstikluháls 583, 688
Finnstaðaá 235
Fiská 214
Fiskivötn 135, 190, 315
Fjarðará 365
Fjarðarhorn 349, 353, 354
Fjárhellir 550
Fjórðungsalda 197, 206, 207, 208, 210
Fjórðungskvísl 207
Fjórðungssandur 197
Fjóshólar 496
Flæðarlækur 497
Flatey 256, 297, 389, 391, 392, 395, 412, 425, 450, 452, 454, 455, 457, 462, 478, 484, 498, 507, 512, 519, 605
Fljót 132, 133, 134, 139, 147, 152, 153, 210, 213, 222, 224, 269
Fljótá 599
Fljótshlíð 134, 143, 146, 154, 360, 368
Flóamannaafréttur 95
Flói 117, 120, 123, 131, 690
Flókadalsá 648, 666
Flókadalur 648, 650, 652, 666, 682
Flókavallagnýpa 466
Flókavellir 466
Flosagjá 73, 74
Fnjóská 229
Fnjóskadalur (zuvor Hnjóskadalur) 229, 230, 245
Fornhagi 253, 259
Fornuréttir 613

Forsá 141, 188
Forsalda 187
Forsárfoss 188, 189
Foss 560, 562
Fossá 306, 351, 692, 696, 698
Fossvogur 36, 63
Friðríksgáfa 244, 245, 256
Fróðastaðavað 599
Fróðastaðir 597, 599
Frostastaðir 273
Fúlilækur 132
Gálgagil 530
Galtardalstunga 632
Garðar 690
Gáseyri 253, 254, 411
Gásir 184, 252, 264
Gaukshellir 186
Gaukshöfði 186
Gauksmýri 344
Gaulverjabær 123, 410
Geirastaðir 312
Geirfuglasker 693
Geirhildargarðar 262, 263
Geirhnúkur 530
Geirlandsá 365
Geirólfsgnúpur 354
Geirshlíð 666
Geirshólmur 656, 692
Geitá 622
Geitlandsjökull, 624
Geldingafell 355
Geysir 69, 70, 91, 93, 96, 97, 98, 99, 100, 103, 475, 628
Geysir, lítli 121
Geysir, stóri 96, 98, 104
Gil 263, 264
Giljá 312
Giljar 614, 623, 624, 631, 655
Gilsbakki 581, 582, 584, 599, 601, 603, 604, 625, 630
Gilsfjörður 313, 354, 386

Gíslastaðir 115
Gjábakki 89
Gjárfoss 188
Glæsibær 246, 252
Glerá 252, 359
Gljá 137
Gljúfrá 191, 334, 352, 530, 566, 583
Gljúfrárfoss 143
Gljúfurá 568, 579, 583, 584
Glóðafeykir 271
Glymur 696
Gnúpá 539
Gnúpufell 236, 239
Goðafoss 221, 222, 225, 241
Goðalandsfell 152
Goðalandsjökull 131, 151, 152, 154
Goddælir 362, 631, 700, 704
Gönguskarðsá 303
Grafarbakki 292
Grafarós 292, 295, 411
Grásteinsfjall 494
Grenjar 559, 584
Grettisskarð 142
Grímsá 303, 562, 583, 590, 626, 650, 651
Grímsey 167, 249, 250, 251, 411, 534
Grímsnes 105, 110, 113, 114
Grímsstaðamúli 559
Grímsstaðir 559
Grímstungnaheiði 315
Grísardalur 466
Grísartunga 565, 566, 579
Grjótá 158, 214, 548, 558
Grjótárdalur 558
Gröf 292, 467
Grónes 465
Grundarárfoss 344
Grundarfjörður 394, 412, 505

Gufuá 586, 651, 652
Gufudalur 455, 652
Gufufjörður 465, 652
Gufunes 651, 652
Gufuskálar 651, 652
Gullborg 542, 543
Gullbrárfoss 361
Gullerastaðir 653
Gullhver 475
Gullþórisfoss 467
Gullþóriskelda 467
Gunnarsstaðir 469, 528, 530, 669, 670, 685
Hægindi 604
Haffjarðará 531, 540, 541, 543
Haffjarðarey 538, 539
Hafnaeyjar 411
Hafnarfjall 686, 688
Hafnarfjöll 559, 562, 585
Hafnarfjörður 41, 409
Hafrafell 542, 599
Hafragil 369, 373
Hafravatn 63, 704
Hafursfell 535, 537, 538, 539, 612
Hafursfjörður 383, 561
Hágöngur 192, 198
Hallbjarnarvörður 624
Halldórsstaðir 215, 216, 217, 220, 221
Hallkelsstaðir 599, 605
Hallsleiði 467
Hallsteinsnes 465, 490
Háls 229, 245, 247
Hamarr 586
Hamarsheiði 180
Hamburg 71, 282, 337, 338, 598
Harrastaðir 524
Háskerðingur (auch Straumsfjell) 494
Haugsnes 370, 492
Haukadalsá 524

Haukadalur 70, 94, 95, 98, 101,
 102, 192, 309, 315, 347, 369,
 482, 530
Hávagjá 74
Hegranes 268
Heiðabær 705
Heiðará 266
Hekla 96, 99, 103, 108, 114, 119,
 120, 125, 131, 180, 185, 186, 187,
 188, 199
Helgafell 173, 367, 368, 374, 393,
 462, 486, 487, 488, 489, 493,
 495, 496, 497, 498, 499, 501,
 502, 519, 530, 572, 704
Helgafellsvatn 496, 498
Helgavatn 668, 679, 680, 684
Helguhóll 239
Heljarkinn 187
Hellisdalur 554
Hellishólar 474
Hengill 36, 72, 98, 121, 181
Héraðssandir 269
Héraðsvatn 298
Héraðsvötn 268, 269, 300
Herðubreið 198, 208
Hestfjall 105, 114, 181
Hestur 647, 650, 685, 686
Hítará 543, 548, 554, 566
Hítardalur 532, 543, 544, 545,
 547, 548, 552, 556, 557, 558, 572,
 589, 590, 687
Hítargröf 551, 552
Hítarnes 540, 566
Hítarvatn 554
Hjallar 468
Hjaltabakki 311, 312
Hjaltadalsá 278, 291, 292
Hjaltadalur 269, 277, 278, 292,
 537
Hjaltastaðir 273, 345
Hjarðarholt 348, 356, 357, 369,
 371, 520, 521, 523, 570, 590,
 592, 593, 595, 622, 632, 646,
 685
Hjörtsey 42
Hlíðarendi 155, 156, 157, 221
Hnappadalur 531, 554, 559
Hnappalda 191
Hnausar 329, 331, 332, 333
Hnjóskadalur → Fnjóskadalur
Hnúkur 481, 518
Hof 120, 121, 278
Höfðaströnd 269, 275
Höfðavatn 274
Höfði 128, 269, 275, 531, 533,
 539
Hofmannaflötur 624
Hofsjökull 99, 198, 267, 315, 586
Hofsós 292, 294, 298, 411
Hofstaðasel 274, 275, 276, 296,
 302, 304, 504
Hofstaðavatn 486
Hofstaðavogur 486, 488, 489,
 491
Hofstaðir 275, 467, 468, 469,
 473, 486, 488, 489, 491, 500,
 501, 580, 625, 626, 627
Hofstóptarvöllur 467
Hólabyrða 279, 281
Hólar 260, 272, 278, 279, 281,
 284, 291, 294, 337, 339, 340,
 452, 607
Hólmur 548, 554, 555, 556, 654
Hólsá 132
Holt 134, 137, 139, 140, 142, 145,
 149, 310, 311, 377
Holtastaðir 305, 306
Holtavörðuheiði 315, 353, 559
Holtsfoss 330
Hóp 316, 317, 334
Hópsós 316
Hörðudalsá 525, 528

Hörðudalur 366, 525, 528, 530
Hörgá 253, 259
Hörgárdalur 246, 253, 259, 260
Hornafjörður 413
Hornahver 96
Höskuldsstaðir 293, 304, 305, 306, 308, 356, 369, 370, 464
Hraðablett (auch Hraðastaðablett) 706
Hraðastaðir 706, 707
Hrafnagil 233, 235, 238, 239, 241, 243, 264, 265, 369
Hrafnagjá 89
Hrafneyri 700
Hranusás 604
Hrappsey 147, 288, 388, 389, 403, 423, 459, 479, 482, 484, 485, 494, 508, 510, 511, 512, 513, 605
Hrappsstaðir 356, 357, 523
Hraundalur 558, 602
Hraungerði 122, 123, 127
Hraunsás 581, 603, 604, 626
Hraunsfjörður 364, 490
Hrísbrú 705, 708, 709
Hrísey 411
Hróarstaðir 230
Hróbjarg 553
Hrossholt 539, 541
Hrútafjarðará 268, 314, 349, 353
Hrútafjarðarháls 315, 346, 349
Hrútafjörður 314, 315, 345, 346, 348, 349, 350, 353, 355, 411, 412, 451, 519, 548, 559, 605
Hrútshellir 136, 142
Hrútsstaðir 523
Húnafjörður 268, 313, 315
Húnaflói 313, 314, 315
Hunavatn 317
Hundadalur 366
Hurðarbak 597

Húsafell 548, 549, 603, 604, 623, 624, 709
Húsavík 210, 218, 294, 397, 411
Hvalfell 692, 693, 696
Hvalfjarðarströnd 351, 655, 688, 695
Hvalfjörður 42, 43, 351, 353, 516, 559, 621, 656, 657, 688, 689, 691, 692, 695, 697, 699
Hvalsnes 360, 646, 693, 694
Hvalvatn 693, 696
Hvammsdalur 360
Hvammsfjörður 359, 366, 383, 482, 484, 490, 494, 518, 519, 525, 530
Hvammssveit 373, 530
Hvammur 330, 331, 332, 359, 361, 366, 367, 480, 514, 518, 519, 521, 529, 530, 584, 632, 633, 670, 696
Hvarnneyri 562
Hvítá 104, 105, 110, 114, 115, 117, 131, 181, 199, 351, 352, 353, 360, 540, 562, 563, 568, 569, 580, 581, 582, 583, 586, 587, 588, 589, 590, 591, 592, 596, 597, 599, 603, 605, 613, 622, 623, 625, 626, 648, 670
Hvítanes 148
Hvítársíða 351, 360, 596, 597, 599, 605, 646
Hvítarvatn 148
Hvítárvellir 583, 587, 590
Hvítidalur 373
Hvítingshjalli 554, 555
Hvítramannaland 473
Hvolhreppur 132, 133, 134
Illafoss 224
Illahraun (Ódáðahraun) 207
Illaver 203
Illilækur 205

Indriðastaðir 654, 658, 686
Ingólfsfjall 95, 114, 116, 120, 121, 181, 689
Írafell 699, 700
Ísafjörður 339, 348, 385, 397, 412, 456, 469
Íshóll 212, 213, 215
Íshólsvatn 213, 214
Jarðlángsstaður 562
Jödlusteinn 152
Jökulsá 132, 267, 268, 314, 350, 363
Jökulsfjörður 651
Jörvi 524
Kaldá 542, 543, 548, 622
Kaldaðarnes 113, 116, 117, 118, 119, 120, 122, 123
Kaldakvísl 190, 198, 706, 707
Kaldárdalur 541, 543
Kaldidalur 624
Kálfagil 469
Kalmansá 621, 691
Kalmanstunga 604, 607, 608, 610, 621, 622, 624, 691
Kambsnes 366, 370, 524
Kárastaðir 586
Káratjörn 136
Kattarfoss 552
Kattegat 15
Keflavík 409, 545, 694
Keilir 36, 41, 42
Kerlingafjöll 99, 192, 198, 205, 692
Kerlingaganga 122
Kerlingarfjall 495
Kerlingarskarð 495
Ketilsstaðir 366, 518
Kiðagil 209, 210, 214, 216
Kiðagilsá 211
Kiel 1, 10
Kinnarstaðir 467, 468

Kirkjubær 135, 365
Kirkjuhóll 708
Kirkjulækur 158
Kisá 193, 197
Kjalarnes 362, 364, 366, 381, 665, 695, 697, 701, 708
Kjálkaver 193, 195, 196, 197
Kjallaksstaðir 481, 490, 515
Kjarni 237
Kjarrá 599, 682
Kjós 697, 699
Kljáffoss 597
Klakkeyjar 148
Klausturhólar 112, 113, 115, 496
Kleppjarnsreykir 628, 648
Klofningar 494
Klyppsdalur 554
Knarrarnes 565
Knífá 199, 200
Kolbeinsá 269, 292, 296
Kolbeinsárós 292
Kolbeinsdalur 269, 290, 292, 537
Kolbeinsey 271
Kolbeinsfjöll 542
Kolbeinsstaðafjöll 531, 538, 543
Kolbeinsstaðir 539, 541
Kolgrafafjörður 393, 394, 496
Kolkukvísl 311
Kollabúðir 469, 470
Kollafjörður 698, 709
Kólungavakir (auch Kóngavakir) 469
Kóngsás 191
Kópareykir 604, 628
Kopenhagen 1, 5, 9, 10, 11, 13, 17, 19, 44, 51, 54, 62, 111, 117, 126, 128, 144, 145, 158, 227, 239, 244, 245, 248, 287, 288, 289, 293, 296, 297, 298, 337, 339, 341, 343, 376, 377, 388,

389, 392, 394, 408, 449, 452,
461, 477, 485, 498, 509, 513,
523, 527, 568, 644
Kornsá 331
Korpúlfstaðará 704
Kot 266, 267
Krabla 218
Kraflandi 475
Kristnes 243
Krísuvík 121
Kross 136, 137, 386, 482
Krossá 151, 152, 153, 154
Krosshólar 367
Kúhallardalur → Kúvallardalur
Kumbaravogur 394
Kúvallardalur (Kúhallardalur) 690
Kúvíkur 412
Kvalakrókur 469
Kvennabrekka 524, 525, 526
Kverkahellir 145
Lækjalaugur 557
Lagarfljót 211, 228, 237
Lambafell 141
Lambahnúkur 555
Lambeyjar 518
Landeyjar 132, 133, 158
Langá 559, 584, 602
Langadalsfjöll 494
Langadalur 469
Langahlíð 191
Langalda 191
Langavatn 311, 558
Langholtsvað 592
Langjökull 586
Laugafell 206, 267
Laugar 373
Laugardalsfell 89
Laugardalur 90, 105, 110
Laugarfjall 95, 96, 98, 101
Laugarnes 37, 39, 48

Laugarvatn 90, 91
Laxá 60, 63, 181, 303, 310, 311,
312, 315, 317, 355, 358, 359, 368,
530, 537, 688, 696, 697, 699,
700
Laxadalur 571, 576, 593
Laxárdalsheiði 355
Laxárdalur 269, 303, 310, 355,
356, 530, 571, 576, 593
Laxárhlaup 310
Laxárvogur 699
Laxnes 707
Leiðólfsstaðir 356
Leiðvöllur 500, 709
Leipzig 1, 10, 344
Leirá 589, 688
Leirárgarðar 513, 688
Leirárvogur 688
Leiruvogsá 701, 704, 706, 709
Leiruvogstunga 707
Leiruvogur 361, 704, 709
Likný 185
Línakradalur 345
Lítla Fljót 612
Litlatunga 214
Ljá 359
Ljárskógar 265, 359, 519, 520
Ljósafjöll 530, 542
Ljósavatn 221, 222, 225, 229,
328, 505
Ljósavatnsskarð 298
Ljótr 96
Löðmundur 189
Loðnaver 192, 193
Lögmannshlíð 252
Lómagnúpur 198
Lundareykjadalur 628, 650, 653,
657, 686
Lundey 411, 507
Lundur 630, 650, 657
Lurkasteinn 264

Lyngdalsheiði 110
Mælifell 367, 461
Mælifellssandur 135
Málmey 270, 274, 292, 411
Markarfljót 131, 132, 135, 137,
　143, 147, 148, 149, 150, 151, 153,
　154, 204, 210, 561
Marteinslaug 101
Másstaðir 306
Meðalfell 383
Meðalfellsströnd (später
　Fellsströnd) 383, 490, 514, 519
Melstaður 335, 345
Merkiá 155
Merkurjökull 151, 154
Miðá 525, 526
Miðdalir 525, 530
Miðdalsfell 103
Miðdalur 90, 94, 127, 174
Miðfell 89, 180, 225
Miðfjarðará 345
Miðfjarðarháls 315, 344
Miðfjarðarvatn 344
Miðfjörður 156, 264, 315, 345,
　346, 349
Miðgarður 249
Miðhóp 317
Miðmörk 147
Miðskáli 140
Miklaholt 398, 536, 537, 539,
　545, 556, 557
Miklakvísl 200, 203
Miklibær 156, 264, 270, 271,
　272, 292, 337
Miklilækur 193
Mjósund 373
Mjóvidalur 214
Möðrudalur á fjöllum 84
Möðruvellir 252, 253, 256, 259,
　699
Móeiðarhvoll 126, 136, 164

Mógilsá 709
Mógilshöfði 187
Mosfell 42, 63, 109, 110, 328,
　564, 583, 627, 701, 703, 704,
　705
Mosfell auf Grímsnes 110, 114
Mosfell im Mosfellsveit 110
Mosfellsdalur 698, 706
Mosfellsheiði 58, 64
Mosfellssveit 110, 127, 697, 698
Múlafjall 691, 692, 697
München 1, 10, 227
Munkaskarð 494, 495
Munkaþverá 237, 239, 240, 241,
　256
Músará 469, 470
Mýrdalsjökull 198, 612
Mýri 214, 216
Myrkárjökull 260
Mývatn 218, 219, 240, 312
Næfurholt 180
Næfurholtsfell 180
Narfeyrarfell 494
Neðridalur 103
Nesvogur 486, 495
Niðri Botn 654
Nikolásargjá 73, 74
Norðlingaalda 198
Norðlingafljót 612, 613, 620
Norðrá 266, 267, 566, 568, 583
Norðurárdalur 267, 270, 348,
　558, 559, 584, 589
Norðurreykir 603, 604, 628
Ódáðahraun → Illahraun
Oddeyri 246
Oddgeirshólar 115, 690
Oddi 126, 145, 158, 632, 633, 642
Oddkelsalda 202
Oddkelsós 200, 203
Oddkelsver 203
Ok 586, 598, 623, 688

Ólafsdalur 378
Ólafsvík 394, 412
Ölfusá 116, 117, 118, 120, 351
Ölfusvatn 116, 653
Ölkelda 531, 532
Örfærisey 44, 47
Örlygsstaðir 272, 637
Ormsstaðir 515
Örnólfsdalur 666, 667, 668, 669, 670, 671, 672, 675, 677, 678, 682, 683
Örriðaá 366
Örundarfjörður 412
Ós 345
Óslandshlíð 156, 264, 269, 292
Öxará 66, 69, 72, 74, 75, 76, 77, 78, 351, 500, 697
Öxarárhólmur 601
Öxnadalsá 264
Öxnadalsheiði 260, 264, 266
Öxnadalur 240, 259, 260, 261, 279
Öxney 482, 483, 511
Pálssel 356
Papey 411
Paradís 387, 550
Paradísarhellir 144, 146
Patreksfjörður 394, 412
Pétursey 141
Rangá 125, 126, 132, 133, 162, 164, 188
Rangársandur 133
Rangárvallasveit 132
Rangárvellir 133, 134, 290, 561
Rauðá 188
Rauðafell (Rauðufell) 141, 468
Rauðahálsar 554
Rauðakúla 553
Rauðamelsheiði 531
Rauðamelskúlur 533, 542, 543, 553

Rauðanes (Raufarnes) 570
Rauðimelur 532, 533, 534, 535, 539, 542
Rauðkollsstaðir 491, 535
Rauðseyjar 391
Rauðukambar 187
Rauðukollur 150
Reyðarfjörður 410, 433
Reyðarvatn 162
Reykhólar 398, 401, 472, 473, 474, 476
Reykholt 187, 336, 360, 599, 604, 606, 622, 626, 627, 628, 630, 631, 633, 634, 636, 640, 644, 653
Reykholtsdalur 623, 628, 647, 653, 685
Reykir 121, 268, 269, 272, 345, 349
Reykjaá 707, 708
Reykjadalsá 351, 625, 628, 647, 648, 666
Reykjadalur 625, 628, 648, 650, 653, 657, 686
Reykjafjörður 412
Reykjanes 26, 41, 308, 378, 386, 393, 399, 400, 401, 452, 464, 465, 467, 472, 474, 478, 487, 494, 519, 612, 693
Reykjargnípa 329
Reykjaströnd 269
Reykjavík 13, 26, 27, 28, 29, 31, 32, 34, 35, 39, 40, 41, 42, 44, 46, 47, 48, 49, 50, 57, 58, 62, 63, 69, 71, 95, 102, 106, 107, 109, 110, 111, 114, 116, 122, 126, 128, 129, 144, 145, 150, 159, 165, 167, 170, 181, 194, 222, 241, 244, 247, 248, 262, 263, 276, 279, 285, 298, 308, 333, 336, 343, 345, 382, 387, 406,

409, 410, 451, 452, 463, 502,
505, 513, 516, 523, 533, 538, 570,
574, 610, 611, 621, 625, 628,
689, 697, 701, 709, 711
Reynisnes 240, 301
Reynistaðir 298, 300
Reynivallaháls 697, 698
Reynivellir 699
Rifsós 394
Rípur 300
Rjúpnafell 198, 713
Rom 497
Roskilde 497
Rosmhvalanes 651, 652, 693, 697
Rúnkhúshver 475
Sælingsdalstunga 368, 369, 372, 373, 497
Sælingsdalur 360, 368, 369
Sæmundará 300, 302
Sæmundarhlíð 269
Salthamrar 397
Saltnes 397
Saltvík 397
Samstaðir 159, 160, 188
Sandá 185, 186
Sandfell 189, 190, 195, 251, 363, 699
Sandhaugar 221, 223
Sanghellir 78
Sauðá 302, 303
Sauðafell 198, 526, 642
Sauðakrókur 302
Saurbær 234, 235, 236, 238, 253, 370, 373, 375, 376, 380, 396, 689, 690, 695
Selalón 562
Seljadalur 59, 63, 704
Seljaland 145, 146, 159, 160
Seljalandsfoss 137, 143
Seljalandshellir 145

Seljudalur 360, 369
Seltjarnarnes 37, 41, 695, 697
Seyðisfjörður 226, 411, 505, 587
Síðumúli 360, 584, 596, 597, 599, 605, 630, 646
Sígalda 190
Siglufjörður 411
Siglunes 240, 665
Sigríðarstaðaós 316
Sigurðarstaðir 186
Sildarmannagata 583
Silfrastaðir 265, 270
Sjáfarborg 295, 302
Skagafjörður 116, 206, 251, 264, 266, 268, 269, 272, 279, 298, 303, 314, 412, 537
Skagaheiði 116, 268, 306, 314, 315
Skagaströnd 268, 292, 296, 304, 306, 315, 411
Skagatá 268, 314
Skagen 15
Skagerak 15
Skagi 15, 26, 41, 268, 269, 306
Skálafell 63, 700
Skálanes 465
Skáldarvík 252
Skáley und Skjaldey 483
Skálholt 48, 101, 105, 106, 107, 114, 174, 181, 203, 255, 283, 288, 319, 321, 339, 341, 343, 394, 512, 527, 638
Skálmarfjörður 394
Skálmarnes 370, 392, 534
Skáneyjarfjall 676
Skarð 382, 463, 466
Skarðsfell 185
Skarðsheiði 558, 559, 560, 580, 585, 586, 626, 686, 688
Skarðsströnd 376, 380, 383, 384, 386, 514, 530

Skarfstaðir 518
Skeggjadalur 518, 520
Skeggjastaðir 362, 704, 706
Skeið 117, 131, 158
Skeiðarársandur 135
Skeljabrekka 585
Skeljafell 188, 189
Skeljastaðir 188, 189
Skerjafjörður 36, 37, 41, 63
Skessuhorn 585, 688
Skíðastaðir 303, 329, 333
Skinnastaðir í Ásum í
 Húnavatnsþingi 311
Skipalón 246, 252
Skjáldá 235
Skjáldarvík 252
Skjaldbreið 586
Skjálfandafljót 207, 208, 210,
 214, 215, 222, 241, 366
Skjálfandahæðir 696
Skógahverfi 135
Skógafoss 141, 142
Skógar 140, 141, 468, 470
Skógará 141
Skógarströnd 518, 528, 530, 669
Skorradalsvatn 686, 688
Skorradalur 100, 585, 614, 652,
 654, 655, 686, 691, 697
Skraumuhlaupsá 366
Skriða 259
Skriðufell 185
Skrifla 628, 629
Skruður 533
Skuldaþingey 224
Skúmstungnaá 190
Skýrtunna 542
Sléttahlíð 269
Smjörhnúkur 555
Snæfellsjökull 41, 43, 386, 538,
 550, 610
Snæfellsnes 41, 385, 386, 391,
 397, 487, 532, 534, 568, 652
Snóksdalur 519, 526, 558
Snorraríki 152
Soðningarhver 475
Sökkólfsdalur 366, 525, 559
Sóleyjarhöfði 199, 200, 201
Sólheimajökull 612
Sólheimar 272, 356
Sölvahellir 224
Spjáldhagi 239
Spjótsmyrr 348
Sprengisandur 192, 197, 203,
 204, 215, 216
Staðarbakki 339, 345
Staðarey 237
Staðarfell 512, 514, 515, 516, 518,
 519, 524
Staðarhóll 378, 379, 380, 632
Staðarhraun 532, 541, 543, 558
Staðarstaður 545
Staður auf Reykjanes 452, 464,
 467, 472, 476
Stafá 364, 487, 490, 492
Stafholt 581
Stafholtsey 352, 568, 581, 582,
 583, 584, 591, 592
Stangarfjall 188, 189
Stangarholt 562
Starkaðarsteinn 191
Starkaðarver 191
Staung 188
Steinastaðir → Steinsstaðir
Steingrímsfjörður 348, 534
Steinker 186
Steinnes 328
Steinólfshjalli 380
Steinsstaðir 188, 260, 261, 262
Stífla 269, 270
Stokkahlaðir 238, 243
Stokkanes 532, 538
Stokkseyrir 123

Stóramörk 147
Stóridalur 147
Stórihóll 234
Stórinúpur 148, 165, 167, 169,
  183, 194, 197, 200, 330
Stóruvellir 164, 220
Straumsfjarðará 537
Straumsfjörður 535, 539
Strokkur, lítill 96
Strokkur, stóri 96, 97, 99, 103
Strútur 599, 612, 613
Sturlureykir 628
Stykkishólmur 394, 412, 484,
  486, 505, 507, 512
Suðreyjar 703
Suðurhverar 475
Suðurnes 36, 41, 538
Súgandisey 507
Súlur 72
Surtshellir 605, 607, 611, 613,
  614, 617, 657
Svaðastaðir 274
Svarfhólsmúli 558
Svartá 268, 269, 270, 315
Svefneyjar 392, 397, 463, 464,
  490
Svignaskarð 669, 634
Svínadalur 369, 373, 374, 375,
  525, 688, 690, 700
Svínafell 135
Svínanes 394
Svínavatn 305, 306, 310, 311,
  312, 317, 326, 531
Svínholt 538
Svörtutindar 552
Tálknafjörður 362
Teigr 157
Tindastóll 302
Tindfjallajökull 125, 131, 143,
  149, 152, 154, 180, 185
Tjaldanes 370, 708

Tjaldbrekka 555
Tjarnaver 199, 203
Tjarnir 139
Torfajökull 131
Torfalækur 312
Torfastaðir 104, 109, 110
Trafell 495
Tröllá 303
Trölladyngjur 208
Tröllaháls 624
Tröllakirkja 303, 355
Tunga 272, 369, 375
Tungan lítla 582
Tungnaá 184, 190
Tungnafellsjökull 198, 203, 206,
  207, 208
Tunguá 259, 525
Tungufell 620
Tungufellsjökull 205
Tungufljót 105, 210
Tunguhorn 585
Tunguhver 648
Tungustapi 368
Tungusveit 268, 269, 272
Tvídægra 314, 315, 353
Þelamörk 252, 253
Þingey 224
Þingeyrar 77, 283, 305, 306, 312,
  313, 317, 319, 321, 323, 330, 331
Þinghóll 469
Þingmannagjá 469
Þingmannarjóður 469
Þingnes 224, 352, 568, 582, 583,
  584, 590, 650
Þingskálar 163, 164
Þingvallavatn 66, 72, 75, 89, 110,
  116, 497, 653
Þingvellir 58, 62, 66, 67, 69, 70,
  71, 75, 497, 499, 500, 501, 503,
  624, 665, 672, 697
Þistlsfjörður 700

Þjófahver 475
Þjófaklettur 185
Þjórsá 117, 124, 131, 132, 133,
  165, 167, 177, 179, 181, 184, 185,
  186, 187, 188, 189, 190, 191,
  199, 200, 201, 202, 204, 561
Þjórsárdalur 148, 187, 188
Þórarinsdalur 554, 555
Þórðarhöfði 269, 274, 292
Þóreyargnúpur 344
Þorgautsstaðir 584
Þorgeirsdalur 468
Þórisbjörg 367, 535
Þórisdalur 624
Þórishólar (auch Orrustuhólar)
  697
Þórisstaðir 467, 469
Þóristindur 190
Þóristunga 190
Þórisvatn 190
Þorkelseyri 468
Þorkelssteinn 468
Þorleifshólmur 74
Þormóðsdalur 704
Þóroddsstaðir 347, 348, 526
Þórólfsfell 154
Þórsá 487
Þorskafjarðarheiði 469
Þorskafjörður 357, 456, 464,
  465, 469, 470, 472, 473, 490,
  495, 631
Þórsmörk 149, 150
Þórsnes 352, 488, 491, 582, 681
Þórutindur 555
Þorvaldsdalur 604
Þorvaldsstaðir 604, 605
Þríhyrningsháls 135
Þríhyrningur 125, 143, 161, 162,
  185
Þúfuver 202, 203
Þursstaðir 562

Þverá 132, 133, 134, 157, 185,
  240, 241, 242, 253, 255, 303,
  316, 352, 580, 583, 592, 596,
  677, 682
Þverárhlíð 666
Þverbrekka 261
Þverbrekkunúpur 261
Þvottahver 96
Þykkvahverir 96
Þykkvibær 132
Þyrill 656, 691, 692
Úlfarsá 704
Úlfljótsvatn 75
Ullarfoss 224
Unadalur 269, 292, 296
Útlandeyjar 132
Vaðlaheiði 231, 252
Valafell 189, 495
Valahnúkur 531
Valdadalur (auch Áradalur) 624
Valfell 353, 553, 584
Vallhólmur 269
Valshamar 584
Varmadalur 709
Varmilækur 524, 649
Vatnajökull 198, 203, 205
Vatneyri 412
Vatnsdalsá 315, 316, 328, 333
Vatnsdalsfell 161, 162
Vatnsdalsfjall 328
Vatnsdalur 129, 159, 160, 161,
  162, 185, 310, 311, 312, 316, 317,
  328, 329, 332, 334, 381, 387
Vatnseyri 394
Vatnsleysa 104
Vatnsnes 315, 316, 317
Vegghamarr 187
Vellineshver (Árhver) 647
Vellir 549, 587
Vestmannaeyjar 128, 132, 134,
  136, 139, 140, 153, 158, 180,

279, 354, 406, 409, 410, 443
Vesturdalur 267
Vesturhóp 316, 322, 335
Vesturhópsvatn 316, 317, 334, 344
Vesturlandeyjar 132, 133, 134
Viðey 44, 49, 95, 113, 174, 279, 403, 408, 409, 421, 431, 432, 433, 455, 512, 513
Víðgeymur 613
Víðidalsá 315, 316, 334
Víðidalsfjall 328, 334, 344, 346
Víðidalstunga 336, 337, 342
Víðidalstunguheiði 315

Víðidalur 316, 328, 344, 614
Víðivellir 273
Viðvík 256, 277, 290, 291
Vífilsdalur 367, 528
Vígholtsstaðir 515
Vigrafjörður 488, 494, 495, 501
Vigrasker 494
Villingahólt 123
Vonarskarð 203
Vopnafjörður 298, 411
Vörðufell 105, 114, 181
Ytri-ey 304
Yztafell 222
Yztiskáli 140

Sachregister

Alþingi 71, 90, 164, 177, 240, 342, 361, 379, 407, 408, 513, 545, 564, 581, 601, 645, 655, 665, 670, 671, 672, 678, 681, 685, 707
Amtsbücher 160, 161, 166, 245, 246, 257, 258, 276
Arnamagnäanische Sammlung 287, 509
Berserker 492, 493
Bibliothek(en) 5, 11, 162, 217, 258, 285, 286, 288, 289, 290, 381, 394, 450, 454, 455, 458, 485, 642, 644, 647, 706
blótskelda → Opfersumpf
blótsteinn → Opferstein
Bókmenntafélag 217
Buchdruckerei 247, 285, 340, 512, 513, 688
Buchdruckerei Hólar 285
Buchdruckerei Hrappsey 479
Bücher 35, 56, 144, 160, 162, 174, 175, 217, 237, 245,

248, 251, 273, 280, 286, 288, 318, 350, 450, 452, 454, 457, 477, 479, 480, 508, 556, 642, 646, 702
Christianisierung 222, 665, 705
dómhringur → Gerichtsring
Domschule(n) → Schule(n)
Eiderdaunen 403, 404, 410, 429, 430, 431, 432, 435, 436, 437, 438, 439, 440, 441, 442, 443, 444, 445, 448
Eiderenten 249, 391, 403, 404, 405, 406, 411, 413, 416, 417, 418, 420, 421, 422, 423, 424, 425, 426, 427, 428, 430, 433, 435, 440, 457, 511, 512
Einteilung des Landes in Viertel 350, 352
Fischerei 28, 45, 46, 63, 86, 251, 406, 419, 425, 450, 505, 506, 517, 568, 569, 570, 690, 707
fjárklái → Schafseuche
Flateyjarbók (Handschrift) 393

gelindarghnappur oder Statice
  (bot.) 163
Gerichtsring
  Platz im Freien, an dem die
  Versammlung tagte 73, 177,
  178, 224, 320, 500, 502, 503,
  557
Gesetzgebende Versammlung
  73, 77, 164, 177, 178, 299, 360,
  361, 520, 569, 646, 674, 675
Gestur Vestfirðingur → Zeitung
girðing → Umzäunung
Grabhügel 35, 75, 121, 156, 177,
  264, 265, 309, 320, 345, 384,
  467, 469, 491, 494, 524, 570,
  627, 654, 706
Grágás
  Sammlung aller Gesetze aus
  Islands Freistaatzeit 164, 236,
  314, 350, 360, 380, 396, 397,
  402, 459, 460, 567, 586, 674,
  695
Hackblock
  für Enthauptungen am Þing
  164
Handschrift(en) 9, 217, 238, 245,
  276, 277, 279, 280, 286, 287,
  288, 290, 295, 299, 300, 307,
  308, 318, 380, 383, 393, 394,
  450, 451, 457, 459, 461, 462,
  477, 479, 480, 508, 556, 575,
  582, 648, 661, 670, 676, 678,
  681, 684
Hauksbók (Handschrift) 312,
  369, 621, 626, 650, 667, 670,
  675, 677, 678, 681, 703
höggvasteinn → Hackblock
hvönn oder Engelwurz (bot.)
  158, 200, 203, 205, 421
Ingólfur → Zeitung

Isl.-dän. Verfassungsstreit 8,
  219
Islandske Maaneds-Tidender
  → Zeitung
Íslendingabók 89, 116, 335, 582,
  670, 671, 672, 673, 674, 675,
  676, 677, 678, 680, 681, 684,
  705
Járnsíða
  isl. Gesetzessamlung, von
  König Magnús lagabætir 1271
  erlassen und bis 1281 gültig
  178, 313, 352, 580
Jónsbók
  isl. Gesetzesbuch von Jón
  Einarson in Norwegen
  verfasst und ab 1281 gültig 3,
  122, 164, 173, 178, 248, 307,
  313, 341, 360, 402, 451, 569,
  580, 668
kláðamál → Schafseuche
Kloster, Möðruvalla 250, 251,
  254, 256
—, Munkaþverá 255, 256
—, Þingeyrar 255, 307, 600
Königliche Bibliothek zu
  Kopenhagen 11, 394
lambagras oder Silene (bot.) 163
Landnámabók 27, 56, 75, 113,
  133, 210, 277, 311, 313, 314, 337,
  350, 351, 384, 461, 473, 481,
  515, 535, 542, 544, 581, 582,
  586, 606, 627, 649, 659, 661,
  662, 677, 678, 679, 680, 681,
  682, 683, 684, 706
Lateinschule(n) → Schule(n)
Lieder 155, 174, 182, 287, 382,
  451, 455, 480, 505, 521, 595,
  690, 607, 709
lögrétta → Gesetzgebende
  Versammlung

Melabók (Handschrift) 121, 316, 369, 626, 650, 651, 652, 667, 670, 671, 675, 677, 678, 680, 681, 682, 683
melur oder Sandhafer (bot.) 163
Norðri → Zeitung
Opferstätte(n) 3, 223, 242, 367, 501
Opfersumpf
Sumpf, in dem die Verurteilten ertränkt wurden 178
Opferstein
Stelle, an der das Blut der Verurteilten aufgefangen wurde 177, 178, 179, 180, 500, 501, 502, 503
Rímur 339, 459
Runen 144, 152, 153, 451, 551, 555, 571, 572, 573, 574, 576, 578, 630, 706
Sage(n) 39, 136, 149, 150, 155, 167, 168, 169, 177, 181, 186, 189, 190, 195, 217, 218, 220, 246, 248, 277, 278, 293, 297, 300, 305, 307, 308, 310, 318, 327, 328, 333, 336, 346, 349, 361, 368, 375, 380, 382, 385, 389, 392, 450, 451, 457, 458, 460, 461, 463, 464, 466, 467, 468, 470, 471, 475, 478, 479, 480, 486, 498, 505, 516, 518, 521, 526, 528, 536, 537, 549, 550, 551, 572, 573, 574, 575, 579, 582, 585, 595, 597, 598, 603, 607, 609, 611, 624, 629, 685, 687, 693, 696, 701, 702, 706
Schafseuche 87, 116, 125, 149, 214, 219, 228, 245, 257, 258, 309, 326, 332, 505, 594
Schule(n) 12, 13, 19, 28, 29, 35, 48, 49, 105, 107, 158, 226, 290, 333, 337, 339, 341, 452, 456, 589
skyr
isl. Milchspeise 101, 107, 122, 150, 154, 234, 301, 303, 480
sóley oder Hahnenfuß (bot.) 172, 201
Staðarhólsbók (Handschrift) 380
Tagebücher 68, 92, 141, 171, 183, 194, 210, 218, 226, 227, 228, 239, 260, 267, 280, 294, 297, 304, 317, 332, 358, 359, 382, 523
Tempel 3, 152, 237, 240, 242, 267, 292, 331, 359, 375, 380, 381, 467, 473, 487, 488, 489, 490, 520, 521, 580, 625, 626, 627, 653, 654, 655, 665
Teich der Diebe
für die Ertränkung von Dieben am Gericht 163, 164
Þing, Árnesþing 178, 185
—, Hegranesþing 164, 178, 278, 299, 361
—, Hítarnesþing 539
—, Kiðjafellsþing 227
—, Kjalarnessþing 178, 665, 697, 710
—, Kjarlarnesþing 671
—, Korkalækjarþing (richtiger Krakalækjarþing) 227, 228
—, Lambanesþing 227
—, Miðdalaþing 525
—, Múlaþing 227
—, Skuldaþing 224
—, Sunnudalsþing 227
—, Þingeyjarþing 178, 222
—, Þingnesþing 352, 582, 670, 681, 685
—, Þingskálaþing 223

—, Þorskafjarðarþing 278, 379, 468
—, Þórsnesþing 178, 482, 485, 499, 534, 582, 681
—, Þverárþing 580, 583, 625
—, Vöðluþing 242
þingbrekka → Þinghügel
þinggirðing → Umzäunung
Þinghügel 163, 164, 299, 504, 579, 584
Umzäunung einer Þingstätte 224, 327, 360
Þingstätte(n) 163, 177, 178, 179, 188, 223, 227, 242, 276, 307, 313, 318, 327, 352, 353, 490, 491, 499, 500, 501, 502, 520, 535, 557, 579, 580, 581, 582, 583, 584, 590, 591, 675
Þjóðólfur → Zeitung
Zeitung, Gestur Vestfirðingur isländische Zeitschrift (1874–1855) 443, 445, 448, 449, 455
—, Ingólfur isländische Zeitschrift ab 1853 241, 607
—, Islandske Maaneds-Tidender die älteste isländische Zeitung (1773–1776) 479
—, Norðri isländisches Blatt für das Nordviertel ab 1853 244, 247, 274, 513
—, Þjóðólfur isländisches Oppositionsblatt (1848–1920) 50, 62, 69, 77, 133, 184, 241, 323, 334, 377, 456, 457, 463, 506, 507, 535, 569
þjófapollur → Teich der Diebe
Volkslieder → Lieder
Volkssagen → Sagen
Zauberei 295, 329, 342, 478

Konrad Maurer: Der Rechtshistoriker Islands und Norwegens

Peter Landau, München

Zu den international berühmtesten Gelehrten, die der Bayerischen Akademie der Wissenschaften in den 250 Jahren ihres Bestehens angehört haben, zählt zweifellos der Rechtshistoriker Konrad Maurer, bis heute der bedeutendste Forscher auf dem Gebiet der Rechtsgeschichte Islands und Norwegens.

Der Vater Georg Ludwig von Maurer

Maurer war der Sohn eines anderen großen Rechtshistorikers, des aus der Pfalz stammenden Georg Ludwig von Maurer (1790–1872), der seinerseits von 1826 bis 1832 an der Universität München wirkte und der Bayerischen Akademie der Wissenschaften seit 1824 als korrespondierendes, seit 1827 als außerordentliches, schließlich seit 1829 als ordentliches Mitglied angehörte. Als Rechtshistoriker entwickelte er vor allem die Lehre von einem ursprünglichen Gemeineigentum an Grund und Boden bei den germanischen Völkern auf der Grundlage von Markgenossenschaften freier Bauern (altfreie Markgenossenschaften).[1] Georg Ludwig von Maurers Hauptwerk *Geschichte der Markenverfassung in Deutschland* (1856) hat das Bild der deutschen Rechtshistoriker von der ursprünglichen Agrarverfassung der Germanen bis weit ins 20. Jahrhundert geprägt[2] und vor allem Karl Marx (1818–1883) und Friedrich Engels (1820–1895) bei ihren Vorstellungen von einem historisch nachweisbaren Urkommunismus in der Menschheitsgeschichte vor

---

[1] Zu Georg Ludwig von Maurer ist grundlegend Karl Dickopf, Georg Ludwig von Maurer 1790–1872 (Münchener Historische Studien. Abt. Neuere Geschichte 4). Kallmütz 1960, hier zu seiner Lehre von der Marktgenossenschaft (S. 156–168).
[2] Eine umfassende Auseinandersetzung mit Maurers Lehre bei Karl Siegfried Bader, Dorfgenossenschaft und Dorfgemeinde (Studien zur Rechtsgeschichte des mittelalterlichen Dorfes II). Weimar 1962, S. 130–138.

der Sklavenwirtschaft der Antike beeinflusst.[3] Georg Ludwig von Maurer gehört folglich in die Ahnenreihe der marxistischen Geschichtstheorie. Er hatte ein sehr bewegtes Leben, da er nicht nur zum Professor für französisches und deutsches Recht an der Universität München aufstieg, sondern 1832 mit dem jungen König Otto (reg. 1832–1862) von dessen Vater Ludwig I. (reg. 1825–1848) als Mitglied der Regentschaftsrates nach Griechenland entsandt wurde, um im neu gegründeten griechischen Nationalstaat zu wirken.[4] Unter König Otto hatte Maurer bis 1834 großen Einfluss auf Griechenlands erste moderne Gesetzgebung.[5] Seine Tätigkeit in Griechenland umfasste nur 18 Monate; in dieser Zeit gelang es ihm jedoch, vier Gesetzbücher für das Strafrecht, das Zivil- und Strafprozessrecht, die Notariatsordnung und die Gerichtsverfassung auszuarbeiten, überzeugt davon, dass altgriechische und altgermanische Traditionen weitgehend übereinstimmten.[6] Seine rechtspolitisch bedeutendste Leistung dürfte die Einführung von Geschworenengerichten in Griechenland gewesen sein, die in seiner pfälzischen Heimat seit der napoleonischen Epoche bestanden, damals aber im rechtsrheinischen Bayern noch nicht existierten und von Bayerns Konservativen als revolutionäre Institution mit Misstrauen betrachtet wurden.[7] Er kehrte 1834 nach München zurück und war danach im Wesentlichen Privatgelehrter, zugleich aber als Mitglied des Bayerischen Staatsrats und des Reichsrats nicht ohne politischen Einfluss. Er kam in Bayern später erneut in

---

[3] Vgl. hierzu Peter Landau, Karl Marx und die Rechtsgeschichte, in: Tijdschrift voor Rechtsgeschiedenis 41, 1973, 361–371; ferner ausführlich Axel Olowson, Markgenossenschaftslehre und Marxismus. Diss. jur. Zürich 1967.
[4] Zur Tätigkeit G. L. v. Maurers in Griechenland vgl. Karl Dickopf, Maurer (wie Anm. 1), S. 50–83.
[5] Zu Maurers griechischer Gesetzgebungstätigkeit vgl. ebd., S. 57–64.
[6] Vgl. zu deutschen Forschungen zum altgriechischen Recht um 1830 Gerhard Thür, Juristische Gräzistik im frühen 19. Jahrhundert, in: Stolleis, Michael u. a. (Hg.), Die Bedeutung der Wörter. Festschrift für Sten Gagnér zum 70. Geburtstag. München 1991, S. 521–534.
[7] Zur Diskussion um Schwurgerichte vor 1848 vgl. Peter Landau, Schwurgerichte und Schöffengerichte in Deutschland im 19. Jahrhundert bis 1870, in: Antonio Padoa Schioppa (Hg.), The Trial Jury in England, France, Germany 1700–1900 (Comparative Studies in Continental and Anglo-American Legal History 4). Berlin 1987, S. 241–304.

eine politische Schlüsselstellung, als er von Ludwig I. 1847 zum bayerischen Ministerpräsidenten ernannt wurde, um den konservativen Vorgänger Karl von Abel (1788–1859) zu ersetzen, der mit der vom König verehrten Lola Montez (1818/23–1861) in Konflikt geraten war und deswegen entlassen wurde. Georg Ludwig von Maurer war etwa neun Monate, von Februar bis November 1847, amtierender bayerischer Justiz- und Außenminister (Ministerverweser) sowie Ministerpräsident. Wegen der gegenüber dem Vorgänger liberalen Ansätze seines Ministeriums wurde dieses im Volksmund als „Ministerium der Morgenröte" bezeichnet. Allerdings entließ ihn Ludwig I. bereits am 30. November 1847, da Maurer zwar von Anfang an die Verleihung der bayerischen Staatsangehörigkeit an Lola Montez (Indigenat) befürwortete und auch durchgesetzt hatte, jedoch eine Begegnung mit der Tänzerin zum Ärger des Königs vermied.[8] Nach seinem Ausscheiden aus der Politik waren ihm noch 24 Lebensjahre vergönnt, die er der rechtshistorischen Forschung widmen konnte. Seine Hauptwerke zur Markgenossenschaft, zur Entstehung der Dorf- und Stadtverfassung sowie zu den Anfängen der Grundherrschaft und der Fronhöfe veröffentlichte er von 1845 bis 1871 in zwölf voluminösen Bänden; seine Thesen werden auch in der heutigen Forschung noch kritisch diskutiert.[9]

---

[8] Zu G. L. v. Maurers politischer Tätigkeit in Bayern 1847 vgl. Karl Dickopf, Mauer (wie Anm. 1), S. 83–93; ferner Heinz Gollwitzer, Ludwig I. von Bayern. Königtum im Vormärz. München 1997, S. 676–678 und 689–702; Andreas Kraus, Die Regierungszeit Ludwigs I. (1825–1848), in: Handbuch der bayerischen Geschichte, begr. von Max Spindler, hg. von Alois Schmid, IV/1, 2. Aufl. München 2003, S. 127–234, hier S. 226 f.; Ernst Rudolf Huber, Deutsche Verfassungsgeschichte seit 1789, 2, 3. Aufl. Stuttgart u. a. 1988, S. 439.
[9] Zu G. L. von Maurers wissenschaftlichem Werk nach 1848 vgl. Karl Dickopf, Maurer (wie Anm. 1), S. 149–255. Es handelt sich um folgende Bücher: Einleitung in die Geschichte der Mark-, Hof-, Dorf- und Stadtverfassung in Deutschland, München 1854; Geschichte der Markenverfassung in Deutschland, Erlangen 1856; Geschichte der Fronhöfe, der Bauernhöfe und der Hofverfassung in Deutschland, 4 Bde, Erlangen 1862/63; Geschichte der Dorfverfassung in Deutschland, 2 Bde, Erlangen 1865/66; Geschichte der Städteverfassung in Deutschland, 4 Bde, Erlangen 1869/71 – insgesamt also 12 Bände. Zu Georg Ludwig v. Maurers Bild

Konrad Maurers wissenschaftliche Anfänge

Der Sohn Konrad wahrte zeitlebens eine gewisse Distanz zur Welt des Hofes und des Adels; ein äußeres Anzeichen kann man darin sehen, dass er das ihm verliehene Adelsprädikat nicht führte.10 Dem juristischen Studium hatte sich Konrad Maurer nur auf Wunsch seines Vaters zugewandt, obwohl er ursprünglich vor allem naturwissenschaftliche Interessen hatte; allerdings verband er von vornherein das Studium der Jurisprudenz mit dem der Geschichte. Er studierte zeitweilig in Berlin, wo ihn Jacob Grimm (1785–1863) als akademischer Lehrer beeinflusste. Als Rechtspraktikant veröffentlichte Konrad Maurer bereits 1846 mit 23 Jahren seine Doktordissertation mit dem Titel *Über das Wesen des ältesten Adels der deutschen Stämme, in seinem Verhältnis zur gemeinen Freiheit*,11 in der er die Frage untersuchte, ob es bei den späteren deutschen Stämmen vor der Völkerwanderung eine ständische oder eine im Wesentlichen egalitären Gesellschaft von Freien gegeben habe. Das war eine vor 1848 auch wegen der historischen Legitimation von Vorrechten des zeitgenössischen Adels heiß umstrittene Frage, in der etwa Friedrich Carl von

---

der Verfassungsgeschichte „als Anwendungsfall einer organisch-liberalen Staatstheorie" vgl. auch Ernst-Wolfgang Böckenförde, Die deutsche verfassungsgeschichtliche Forschung im 19. Jahrhundert (Schriften zur Verfassungsgeschichte 1). 2. Aufl. Berlin 1995, S. 134–147, mit dem Resümee: „Für Maurer gelten [...] demgemäß nur genossenschaftliche, nicht aber herrschaftliche Ordnungsformen als Fortwirkung ursprünglicher Zustände."
[10] Zu Konrad Maurer fehlt bisher anders als bei seinem Vater eine befriedigende Biographie. Meine Angaben zu seinem Leben beruhen hauptsächlich auf folgenden Arbeiten: Ernst Mayer, Konrad Maurer, in: Zeitschrift der Savignystiftung für Rechtsgeschichte, Germ. Abt. 24, 1903, V–XXVII; Karl von Amira, Konrad von Maurer. Gedächtnisrede. Bayerische Akademie der Wissenschaften 25. November 1903; Hans Erich Feine, Der Rechtshistoriker. Konrad von Maurer, in: Geist und Gestalt. Biographische Beiträge zur Geschichte der Bayerischen Akademie der Wissenschaften vornehmlich im zweiten Jahrhundert ihres Bestehens, I, München 1959, S. 228–232 (mit erheblichen chronologischen Fehlern); Peter Landau, Konrad Maurer (1823–1902), der Lehrer Amiras, in: P. Landau, Hermann Nehlsen, Mathias Schmoeckel (Hg.), Karl von Amira zum Gedächtnis (Rechtshist. Reihe 206), Frankfurt/M. 1999, S. 23–27.
[11] Konrad Maurer, *Ueber das Wesen des ältesten Adels der deutschen Stämme, in seinem Verhältnis zur gemeinen Freiheit*. München o.J. [1846].

Savigny (1779–1861) die Existenz eines Adels bei den Germanen bejaht hatte.[12] Maurer kommt zu dem Ergebnis, dass die in der Germania des Tacitus erwähnten principes kein abgeschlossener Stand gewesen seien; es gab nach ihm keine „herrschende und geschlossene Aristokratie".[13] Zwar bestreitet er nicht, dass es einen „deutschen Adel" ursprünglich gegeben habe, der aber vor den Gemeinfreien durchaus keine Vorrechte genossen habe.[14] Der Vorrang adliger Geschlechter habe auf der freien Wahl der Beherrschten beruht, sodass Maurers Bild von der germanischen Nobilitas eher mit dem Begriff der Elite als mit dem des Adels erfasst werden kann. Er betont, dass es unterhalb der Schicht der Freien bei den Germanen Halbfreie und Unfreie gegeben habe;[15] oberhalb der Freien habe es zwar einen alten Volksadel gegeben, dessen Anspruch auf politische Herrschaft jedoch stets auf der Wahl des Volkes beruht habe.[16] Maurer spricht daher trotz des von ihm nicht bestrittenen Adels von einer ursprünglichen demokratischen Verfassung der Germanen[17] und bekennt sich damit zu einem vor 1848 durchaus anstößigen Geschichtsbild. Dabei war er sicher auch von den Lehren seines Vaters über das altgermanische Bauerntum beeinflusst.

Während der Zeit des Ministeriums seines Vaters erhielt Konrad den Ruf auf eine außerordentliche Professur für deutsche Rechtsgeschichte an der Münchner Universität. Die von Ludwig I. gewährte, ungewöhnliche frühe Berufung soll auf eine Forderung des Vaters als Minister zurückgehen, entsprach also offenbar nicht dem Vorschlag der Fakultät.[18] Dieser zweifellos durch Protektion ermöglichte Beginn einer akademischen Karriere scheint den

---

[12] Friedrich Carl von Savigny, Beiträge zur Rechtsgeschichte des Adels im neueren Europa, in: Abhandl. der Kgl. Ak. der Wiss. in Berlin, Phil.-hist. Kl., 1838, S. 1–40 (auch in: ders., Vermischtze Schriften, 4. Berlin 1850, ND Aalen 1968, S. 1–73). Zu Savignys Adelsschrift vgl. Armin Wolf, Savignys Beitrag zur Rechtsgeschichte des Adels im neueren Europa, in: Ius commune 8, 1979, S. 120–147.
[13] Maurer, Wesen (wie Anm. 11), 17.
[14] Ebd., S. 18.
[15] Ebd., S. 196.
[16] Ebd., S. 204.
[17] Ebd., S. 197.
[18] Hierzu Gollwitzer, Ludwig I. (wie Anm. 8), 683 mit Anm. 1523.

jungen Gelehrten belastet zu haben; vielleicht ist darauf seine von den Schülern überlieferte Überzeugung zurückzuführen, dass er sein Leben lieber in der juristischen Praxis als in der Wissenschaft verbracht hätte,[19] was in Anbetracht seiner andauernden Hinwendung zu intensivster und interdisziplinärer Forschung über die eigentliche Jurisprudenz hinaus außerordentlich überraschend bleibt. Nach der Berufung auf die Münchner Professur 1847 hielt Maurer u. a. Vorlesungen über Deutsche Rechtsgeschichte. Eine Kollegnachschrift aus dem Wintersemester 1848/1849 hat sich in der Bibliothek des Leopold-Wenger-Instituts in München erhalten.[20] Die Edition dieses Manuskripts wäre wünschenswert, um die Position Maurers im Kreise der zeitgenössischen germanistischen Rechtshistoriker zu erfassen. Er setzt sich hier z. B. mit der Markgenossenschaftstheorie seines Vaters auseinander. Nach der Nachschrift beendete Maurer seine Vorlesung am 23. März 1849 mit folgendem Satz:

> Die insbesondere durch französische Doktrinen hervorgerufene innere Umwälzung in Deutschland ist charakterisiert durch das Bestreben des Volkes, den absolutistischen Administratorstaat wieder zu verdrängen und an dessen Stelle Selbstregierung zu setzen. Dieselbe kommt noch zu keinem Abschlusse.

Diese Bemerkung zur Zeitgeschichte von 1848/49 lässt ahnen, mit welchen politischen Tendenzen sich Maurer während der Revolutionszeit identifizieren konnte; man wird ihn als Liberalen, wenn nicht sogar als Demokraten einordnen können.

---

[19] So Mayer, Maurer (wie Anm. 10), XXVI: „Gegen seinen Willen [...] ist er Professor geworden"; auch Amira, Maurer (wie Anm. 10), 19: „Maurer habe gemeint, in die gelehrte Laufbahn hätten ihn wider seinen Willen äußere Schicksale gedrängt."
[20] August Seuffert (stud. jur.), Vorlesungen über Deutsche Rechtsgeschichte gehalten von Dr. Konrad Maurer in München im Wintersemester 1848/49 – Ms. 120 der Bibliothek des Leopold-Wenger-Instituts, Abt. B. Eine Drucklegung dieses Manuskripts wäre für die Historiographie der Rechtsgeschichte wünschenswert.

Die Wendung zur nordischen Rechtsgeschichte

Seit Beginn der 1850er Jahre wandte sich der junge Münchner Rechtshistoriker einem völlig neuen Gebiet zu, der Rechtsgeschichte des Germanischen Nordens, deren Erforschung er bis zu seinem Tode 1902 fünfzig Jahre widmen konnte. Den Gedanken eines inneren Zusammenhangs der nordischen Rechte mit dem ursprünglichen Recht der Germanen in Mitteleuropa konnte Maurer bereits bei älteren germanistischen Juristen in der ersten Hälfte des 19. Jahrhunderts finden, vor allem in der von Jacob Grimm vertretenen Lehre der Einheit von Recht und Sprache[21] und sodann bei Wilhelm Eduard Wilda (1800–1856), der in seinem Hauptwerk *Das Strafrecht der Germanen* (1842) ein vermeintlich urgermanisches gemeinsames Strafrecht als Produkt eines gemeingermanischen Volksgeistes dargestellt hatte.[22] Da die deutschen germanistischen Juristen um 1850 die nordischen Sprachen in der Regel nicht beherrschten, konnten sie die skandinavischen mittelalterlichen Rechtsquellen allerdings meist nicht erschließen. Konrad Maurer eignete sich jedoch die nordischen Sprachen einschließlich des Isländischen an, sodass er bereits 1852 sein erstes Hauptwerk zur Rechtsgeschichte Islands veröffentlichte (*Die Entstehung des isländischen Staats und seiner Verfassung*).[23] Er schildert darin die erste Einwanderung nach Island um 870 und die weitere Geschichte des isländischen Freistaats bis zu seinem Untergang 1262/64 durch die Eingliederung in das norwegische Königreich. Grundlage seiner Darstellung ist außer den eigentlichen

---

[21] Zu Jacob Grimm vgl. die Angaben bei Gerd Kleinheyer, Jan Schröder, Deutsche und Europäische Juristen aus neun Jahrhunderten. 5. Aufl. Heidelberg 2008, S. 175– 179 (Artikel von Jan Schröder); Michael Jacoby, Germanisches Recht und Rechtssprache zwischen Mittelalter und Neuzeit unter besonderer Berücksichtigung des skandinavischen Rechts: Gegenthese zu J. Grimm und zu romantischer Auffassung im 20. Jahrhundert. Bern 1986; Marini, Giuliano, Jacob Grimm. Napoli 1972, S. 173–190.
[22] Zu Wilda vgl. Hugo Sinzheimer, Jüdische Klassiker der deutschen Rechtswissenschaft, 2. Aufl. Frankfurt/M. 1953; Guido Kisch, Wilhelm Eduard Wilda, in: Mittelalterliche Lebensbilder, 5. Magdeburg 1930, S. 339–352; auch in: ders., Ausgewählte Schriften, 3. Sigmaringen 1980, S. 499–512.
[23] Konrad Maurer, *Die Entstehung des Isländischen Staats und seiner Verfassung* (Beiträge zur Rechtsgeschichte des Germ. Nordens, Heft 1). München 1852.

Rechtsquellen, insbesondere der unter dem Namen *Grágás* („Graugans") bekannten Rechtssammlung,[24] auch die umfangreiche Sagaliteratur. Maurer gelingt es, die einzigartige Rechtsentwicklung Islands im hohen Mittelalter im Zusammenhang mit der materiellen und geistigen Kultur auf der Insel darzustellen. Wie kaum ein anderer Rechtshistoriker seiner Zeit verstand er von Anfang an Rechtsgeschichte als Kulturgeschichte. Die Besonderheiten der Rechtsgeschichte des ältesten europäischen Freistaats beschreibt er mit großer Sympathie. Er beginnt mit der Einwanderung nach Island, schildert die Beschaffenheit des Landes und die Art der Besiedelung. Die Siedler organisierten sich zunächst in kleinen Bezirken unter Häuptlingen (Goden), bis es 930 zu einer gemeinsamen Gesetzgebung, einer Art Verfassungsgebung, mit der Einsetzung des Allthing als einer allgemeinen Landesverfassung kam, die nach Maurer von Anfang an auf dem Repräsentativprinzip beruhte, also das älteste europäische Parlament war.[25] Er hebt besonders die eigentümliche Institution des auf drei Jahre gewählten Gesetzessprechers (isl. *lögsögumaðr*) hervor – heute meist als ‚Rechtssprecher' bezeichnet –, der für die Rechtskontinuität dieser auf mündlicher Tradition beruhenden Rechtsordnung verantwortlich war. Mit dem Institut des Gesetzessprechers hat sich Maurer auch später noch mehrfach auseinandergesetzt;[26] er sah darin eine urgermanische Einrichtung, die bereits bei der Einwanderung von den Siedlern aus Norwegen übernommen wurde. Auch wenn die heutige Forschung annimmt, dass dieses isländische Amt ohne äußere Einflüsse autonom auf der

---

[24] Zur *Graugans*, der zentralen Rechtsquelle Islands, veröffentlichte Maurer 1863 eine umfassende Untersuchung; vgl. Konrad Maurer, *Graagas*, in: Hallesche Enzyklopädie 77, 1863, S. 1–136.
[25] Zum Allthing oder Allding vgl. Maurer, *Die Entstehung des isländischen Staats und seiner Verfassung* (wie Anm. 23), S. 146–152. Maurer betont (S. 150), dass die gesetzgeberische und richterliche Tätigkeit dieser Versammlung von vorneherein nicht allen freien Isländern anvertraut war, sondern nur „einem engeren Ausschuss".
[26] Vor allem Maurer, Das Alter des Gesetzessprecher-Amtes in Norwegen, in: Festgabe zum Doktor-Jubiläum Ludwig Arndts. München 1875, S. 1–69; ders., Das angebliche Vorkommen des Gesetzessprecheramts in Dänemark (Sitzungsberichte der Bayerischen Akademie der Wissenschaften, Phil.-philol. und hist. Kl., 1887, 2). München 1888, S. 363–399.

Insel entstand,[27] bleibt es Maurers Verdienst, als Erster die Struktur und die Befugnisse dieser Institution im altisländischen Freistaat genau bestimmt zu haben. Er hebt die Grenze des auf drei Jahre durch Wahl verliehenen Mandats hervor, indem er darlegt, dass der Gesetzessprecher keinen Einfluss auf die Exekutive hatte, die in der Hand der nur für kleine Bezirke zuständigen Goden lag, sodass eine für die gesamte Insel zuständige Regierungsgewalt überhaupt fehlte. In dieser spezifischen Verfassungsform sieht Maurer ein frühes Modell der Gewaltenteilung und er führt aus, dass das Allthing als Parlament schon bald seine Entscheidungen nach dem Mehrheitsprinzip fällte. Er hat somit in der Tat den Nachweis geführt, dass das alte Island ein Freistaat gewesen ist, ein Staat ohne König mit einer Repräsentativverfassung und Gewalteinteilung.[28] Auch wenn sich vermuten lässt, dass er wie manche andere Rechts- und Verfassungshistoriker des 19. Jahrhunderts dabei von zeitgenössischen Leitbildern beeinflusst war, so kann doch auch aus heutiger Sicht konstatiert werden, dass er die Besonderheiten der Verfassung des isländischen Freistaats im Wesentlichen zutreffend erfasst hat.

Schon wenige Jahre nach dem Islandbuch veröffentlichte Maurer in zwei Bänden 1855/56 sein zweites Hauptwerk, *Die Bekehrung des norwegischen Stammes zum Christenthume*.[29] Es muss zu den wichtigsten religionsgeschichtlichen Werken des 19. Jahrhunderts gezählt werden. Maurer wollte die innere Geschichte der Bekehrung erfassen und ging deshalb von der Frage aus, weshalb sich das Christentum in Norwegen gegenüber der heidnischen Religion der Germanen ohne Gewalt durchsetzen konnte.[30] Bereits im Vorwort zu diesem Buch erklärt er, dass er dem Heidentum

---

[27] Vgl. hierzu H. Ehrhardt, Rechtssprecher, in: Lexikon des Mittelalters 7, Stuttgart u. a. 1995, S. 522 f.
[28] Maurer, Entstehung (wie Anm. 23), H. I, München 1852, S. 208 f.
[29] Maurer, *Die Bekehrung des norwegischen Stammes zum Christenthume*, 2 Bde. München 1855/56.
[30] Vgl. ebd., Bd. 1, Vorwort, S. VI: „[U]ngestört von fremdartigen Einflüssen vollzieht sich vielmehr die Bekehrung beider Länder [sc. Norwegens und Islands, P. L.] lediglich in Folge eines mit nationalen Mitteln zwischen der alten und neuen Lehre geführten Kampfes, wenn auch der erste Anstoß zur Bekehrung der Natur der Sache nach hier wie anderwärts von Außen kam."

gerecht werden wolle, ohne darüber die Vorzüge des Christentums in den Schatten zu stellen.[31] Im zweiten Band seines großen Werks gibt uns der Verfasser auf 260 Seiten ein umfassendes Bild der heidnischen Religion der Germanen,[32] wohl die wichtigste Arbeit zur germanischen Religionsgeschichte im 19. Jahrhundert, die auf umfassender Auswertung der nordischen Sagaliteratur beruht. Für die früheste Geschichte Norwegens ist Maurers Buch grundlegend geblieben, außerdem auch methodisch in der gelungenen Verknüpfung von Religions- und Rechtsgeschichte. Bis heute kann seine Schilderung der Bekehrung der Norweger als das wichtigste Werk gelten, das jemals von einem deutschen Historiker über die mittelalterliche Geschichte Norwegens verfasst wurde.

Maurers Islandreise

Nach Abschluss seines Norwegenbuchs fuhr Maurer 1858 nach Island und erkundete das Land bis in die letzen Winkel der Insel zu Pferde, wobei er vielfach persönliche Kontakte zu Bauernfamilien knüpfen konnte. Durch seine Islandreise wurde die Insel für ihn fast ein zweites Heimatland, sodass er im Jubiläumsjahr 1874 zur Jahrtausendfeier der Besiedelung ein „rasch hingeworfenes" Buch *Island von seiner ersten Entdeckung bis zum Untergang des Freistaats* veröffentlichen konnte,[33] das er seinen isländischen Freunden widmete. Es wurde eine klassische Darstellung, die die Entstehung von Islands republikanischer Verfassung nochmals zusammenfassend behandelte, aber auch den Untergang des Freistaats im 13. Jahrhundert darstellte, den er auf sittlichen Verfall des Volkes, Zerrüttung der Landesverfassung, auf Parteiungen und das Eingreifen ausländischer Mächte zurückführte.[34] Mit Maurers Buch von 1874 besitzt Island vielleicht als einziges europäisches Land eine Darstellung seiner Rechtsgeschichte im Rahmen einer allgemeinen Kultur- und Landesgeschichte. Dieses Ziel konnte nur ein Autor wie Maurer erreichen, der die gesamten schriftlichen

---

[31] Ebd., S. VIII.
[32] Maurer, Bekehrung (wie Anm. 30), Bd. 2, S. 5–264.
[33] Maurer, *Island von seiner ersten Entdeckung bis zum Untergange des Freistaats*. München 1874.
[34] Ebd., S. 98–141.

Quellen zur Geschichte Islands kannte und außerdem seit seiner Islandreise 1858 das Land selbst wie kein anderer Nicht-Isländer erkundet hatte.[35] Dem republikanischen Island und seiner Unabhängigkeit gehörte seine ganze Sympathie. Die Einstellung Maurers zeigte sich auch darin, dass er in dem längeren Verfassungskonflikt zwischen dem damals dänischen Island und dem Königreich Dänemark von 1848 bis 1874 mehrfach publizistisch für Islands Recht auf Selbstständigkeit und für eine eigene Volksvertretung gegenüber der zentralistischen Politik des Mutterlandes eintrat. Island befand sich in diesen Jahren in einem dauernden Verfassungskampf mit Dänemark, den Maurer zwischen 1856 und 1874 in einer Serie von Aufsätzen kommentierte, wobei er sich kompromisslos für die isländische Seite einsetzte. Mit dem isländischen Vorkämpfer für die Unabhängigkeit Jón Sigurðsson (1811– 1879) war er befreundet; mehrere seiner Aufsätze wurden auch ins Isländische übersetzt und machten ihn dort populär. Maurer hat diese politische Streitschriften 1880 in einem Sammelband mit dem Titel *Zur politischen Geschichte Islands* nochmals zusammengefasst;[36] er widmete das Buch dem Andenken des inzwischen verstorbenen Jón Sigurðsson. Diese politische Seite im Lebenswerk Maurers sollte nicht vergessen werden.

Auf seiner Islandreise 1858 führte Maurer ein ausführliches Tagebuch, das der erst Anfang der 70er Jahre in seinem Nachlass von Kurt Schier entdeckten Reisebeschreibung zugrunde liegt. Letztere ist durch die ausführliche Schilderung von Land und Leuten eine ganz einzigartige Quelle.

---

[35] Maurers handschriftlich hinterlassenes und erst vor wenigen Jahren entdecktes Tagebuch seiner Islandreise von 1858 wurde 1997 in isländischer Übersetzung herausgegeben – vgl. Maurer, Íslandsferð 1858 (Reykjavík 1997). Eine Edition des deutschen Urtexts erfolgt erstmalig mit dem hier vorgelegten Buch.
[36] Maurer, Konrad, Zur politischen Geschichte Islands, Leipzig 1880.

Maurers Leben nach 1858 und sein Spätwerk

Bereits 1855 war Maurer in München zum ordentlichen Professor aufgestiegen. Kurz nach seiner Rückkehr von Island heiratete er Valerie von Faulhaber (geb. 1833), mit der er acht Kinder hatte. In München verbrachte er sein weiteres Leben, zunächst noch zusammen mit dem berühmten Vater. Er selbst erfuhr als Gelehrter zunehmend nationale und internationale Anerkennung; so wurde er 1865 zum ordentlichen Mitglied der Bayerischen Akademie gewählt, zu deren eifrigsten und produktivsten Mitgliedern er über fast vier Jahrzehnte zählte. Seit 1867 konnte er sich in der universitären Lehre auf die nordische Rechtsgeschichte beschränken, sodass er weite Freiräume für die eigene Forschung hatte. Allerdings bedeutete diese Beschränkung auch, dass ihm bis zur Emeritierung 1888 nur wenige Schüler beschieden waren, darunter jedoch Karl von Amira (1848–1930), der auf dem Gebiet der nordischen Rechtsgeschichte sein Nachfolger wurde,[37] und Philipp Zorn (1850–1928), repräsentativer Staats- und Völkerrechtler in der Epoche des Kaiserreichs,[38] außerdem die Rechtshistoriker Karl Lehmann (Rostock/Göttingen, 1858–1918) und Ernst Mayer (Würzburg, 1862–1932) sowie zahlreiche Hörer aus den skandinavischen Ländern. 1875 folgte Maurer einem Ruf an die Universität Christiania (heute Oslo), um dort Vorträge als Gastprofessor zu halten. Im folgenden Jahr wollte ihn die norwegische Universität sogar auf Dauer gewinnen und für ihn einen eigenen Lehrstuhl einrichten; Maurer lehnte diesen Auslandsruf allerdings ab. Ein Ruf an eine andere deutsche Universität blieb ihm jedoch zeitlebens versagt.

Sein wissenschaftliches Werk nach 1860 hat Maurer hauptsächlich in Einzelabhandlungen niedergelegt; häufig beruhen sie auf Vorträgen in der Bayerischen Akademie der Wissenschaften. Von

---

[37] Zu Amira und seiner Bedeutung vgl. Peter Landau u. a., Karl von Amira (wie Anm. 10); außerdem Paul Puntschart, Karl von Amira und sein Werk. Weimar 1932.
[38] Zu Zorn vgl. Julia Schmidt, Konservative Staatsrechtslehre und Friedenspolitik. Leben und Werk Philipp Zorns (Abh. zur rechtswissenschaftlichen Grundlagenforschung, 85). München 2000.

1867 bis 1896 publizierte er insgesamt 29 Abhandlungen in den Schriften der Akademie, teilweise im Umfang von mehreren hundert Seiten.[39] Die Vorträge sind keineswegs ausschließlich rechtsgeschichtlichen Themen gewidmet, sondern umfassen auch die nordischen Sprachen und die Sagaliteratur. Ich möchte darunter seine Forschungen zur wichtigsten Rechtsquelle des alten isländischen Rechts hervorheben, der Rechtssamlung, die als *Grágás* bezeichnet wird.[40] Vor Maurer hatte man dieses Werk auf ein Gesetz des norwegischen Königs Magnus um 1040 zurückgeführt; Maurer hat als erster erkannt, dass es sich um privat aufgezeichnete Rechtsbücher aus der Mitte des 13. Jahrhunderts handle, also lange nach der Christianisierung. Die *Grágás* ist das isländische Gegenstück zum deutschen Sachsenspiegel. Maurer hat damit die Grundlage geschaffen, die Quellen des isländischen Rechts in ihrem Entstehungskontext interpretieren zu können. Bereits 1860 war sein Buch *Isländische Volkssagen der Gegenwart*,[41] eine systematisch gegliederte Sammlung der Sagen in deutscher Übersetzung, erschienen, die Frucht seiner Islandreise, zu der ihm 77 Isländer Beiträge geliefert haben sollen. Nach Amiras Urteil ist es das liebenswürdigste von Maurers Büchern.[42] In der nordischen Rechtsgeschichte konnte er die Entstehungsgeschichte der wichtigsten Rechtsquellen klären, vor allem auch der isländischen *Grágás*.[43] In zahlreichen Studien behandelte er zentrale Fragen des Privatrechts, des Prozessrechts und des Ständerechts.[44] Fragen des

---

[39] Ein Gesamtverzeichnis dieser Abhandlungen in: Geist und Gestalt (wie Anm. 10), Erg.-Bd. 2: Gesamtverzeichnis der Schriften der Bayerischen Akademie der Wissenschaften 1759–1959. München 1970; ferner ein kommentiertes Verzeichnis der Aufsätze, auch derjenigen außerhalb der Akademieabhandlungen, bei Mayer, Maurer (wie Anm. 10), XIII–XXII.
[40] Zur Graugans vgl. Maurer, Graagas, in: Allgemeine Encyklopädie der Wissenschaften und Künste (Hallesche Encyklopädie) 77, 1863, S. 1–136; ders., Die Quellenzeugnisse über das erste Landrecht und über die Ordnung der Bezirksverfassung des isländischen Freistaates, Abh. d. Bayerischen Ak. d. Wiss., I. Kl. 12, Abt. 1 (München 1869).
[41] Maurer, *Isländische Volkssagen der Gegenwart*. Leipzig 1860.
[42] Hierzu vgl. Amira, Maurer (wie Anm. 10), S. 12 f.
[43] Cf. Anm. 24.
[44] Eine Aufzählung von Arbeiten Maurers für die einzelnen Gebiete der Rechtsgeschichte bei Mayer, Maurer (wie Anm. 10).

isländischen Kirchenrechts und der dortigen Kirchenorganisation haben ihn mehrfach beschäftigt; seine Forschungen auf diesem Gebiet hat nach ihm Ulrich Stutz (1868–1938) zu einer umfassenden Theorie von einem in ganz Europa verbreiteten germanischen Eigenkirchenwesen erweitert,[45] einer heute meist abgelehnten Globalerklärung, deren Kritik jedoch Maurers Ergebnisse für Island nur zum Teil infrage stellt.[46] Für die vergleichende Rechtsgeschichte der Gegenwart enthält Maurers Werk jedenfalls eine Fülle von Anregungen.

Maurer wird von seinen Schülern übereinstimmend als eindrucksvoller akademischer Lehrer geschildert, der seine Vorlesungen höchst genau schriftlich ausarbeitete*.[47] Seine Vorlesungsskripte blieben erhalten; nach seinem Tode veröffentlichte sie sein norwegischer Schüler und Freund Ebbe Hertzberg von 1907 bis 1910 im Auftrag der Gesellschaft der Wissenschaft zu Christiania in fünf umfangreichen Bänden mit insgesamt 3300 Seiten unter dem Titel *Vorlesungen über altnorwegische Rechtsgeschichte*.[48] Dieses posthum erschienene Hauptwerk erfasst seine rechtshistorischen Forschungen in systematischer Gliederung; es wurde von den Rechtshistorikern bis heute nur unzulänglich rezipiert. Norwegische Wissenschaftler haben Maurers rechtshistorisches Erbe hauptsächlich bewahrt. Sein Bild von der historischen Entwicklung

---

[45] Vgl. Ulrich Stutz, Geschichte des kirchlichen Benefizialwesens. Berlin 1895, ND Aalen 1961. Stutz führte das von ihm entdeckte frühmittelalterliche Eigenkirchenwesen auf heidnische Eigentempel der Germanen zurück und berief sich insofern ausschließlich auf die Forschungen Maurers zu Island; vgl. ebd., S. 93: „Direkte Nachrichten über das eben geschilderte Eigentempelwesens der heidnischen Zeiten besitzen wir nur aus dem Norden, insbesondere aus Island."
[46] Zur Kritik an der Lehre vom germanischen Ursprung der Eigenkirche vgl. Peter Landau, Eigenkirchenwesen, in: Theologische Realenzyklopädie, 9, 1982, S. 399–404. Zur Kritik an der Ableitung der isländischen Eigenkirche von früheren heidnischen Eigentempeln vgl. Magnus Stefánsson, Isländisches Eigenkirchenwesen, in: Peter Landau, Jörg Müller (Hg.), Proceedings of the Ninth International Congress of Medieval Canon Law, Munich 1992 (Monumenta Iuris Canonici, Ser. C, 10). Città del Vaticano 1997, S. 771–792.
* Anm. d. Hgg.: Maurer scheint jedoch seine Vorlesungen frei gehalten zu haben.
[47] Hierzu vgl. Mayer, Maurer (wie Anm. 10), XXIIII; Amira, Maurer (wie Anm. 10), S. 17–19.
[48] Maurer, *Vorlesungen über altnordische Rechtsgeschichte*, hg. von der Gesellschaft der Wissensch. in Kristiania, 5 Bde. Leipzig 1907–1910, mit Registerband 1938.

Skandinaviens sieht ganz anders als bei denjenigen aus, die das Recht in erster Linie auf erfolgreiche Gewaltausübung zurückführen wollen. Die Entstehung des norwegischen Königtums erklärt er nicht durch Eroberungszüge wikingischer Heerkönige, sondern durch Konsensbildungen in Zeiten besonderer historischer Herausforderung. Das entspricht dem Menschenbild Maurers, nach dem es den Menschen auf Dauer möglich ist, in freiheitlichen Rechtsordnungen zu leben. Maurer hat als Rechtshistoriker wesentliche Beiträge zur Ideen- und Sozialgeschichte der Demokratie geliefert.

Schluss

Unter Deutschlands Rechtshistorikern bleibt Konrad Maurer eine bis heute ganz einzigartige Persönlichkeit, da ihm wie kaum einem anderen eine Synthese von Rechtsgeschichte, Kulturgeschichte und nicht zuletzt Philologie gelang. Mit Recht hat ihn 1910 Ernst Landsberg (1860–1927) in seiner klassischen *Geschichte der deutschen Rechtswissenschaft* als ‚isländischen Mommsen' bezeichnet,[49] welcher „der wissenschaftliche Begründer einer auch bei uns fortblühenden Sonderdisziplin der skandinavischen Rechtsgeschichte" gewesen sei.[50] Leider kann man heute von einem Fortblühen dieses Forschungsgebiets in Deutschland nicht mehr sprechen. Das ändert jedoch nichts daran, dass in den skandinavischen Ländern die Werke Maurers weiterhin außerordentlich geschätzt werden, während die dortige rechtshistorische Forschung ansonsten jetzt den Konstruktionen der deutschen germanistischen Rechtshistoriker mit zunehmender Skepsis begegnet, wovon besonders Maurers bedeutender Schüler Amira betroffen ist. Der norwegische Rechtshistoriker Magnús Stefánsson formulierte 1995 in München, Maurer sei in den Schatten von Amira geraten, sei aber im Gegensatz zu seinem berühmten Schüler als Empirist und Historiker

---

[49] Roderich von Stintzing, Ernst Landsberg, Geschichte der deutschen Rechtswissenschaft, 3/2. München 1910, ND Aalen 1978, S. 906.
[50] Ebd., S. 908.

‚ganz modern'.⁵¹ Speziell in Island erinnert man sich bis heute daran, dass das isländische Nationalbewusstsein ganz wesentlich auf dem wissenschaftlichen Schaffen Konrad Maurers beruht. Anlässlich seines 175. Geburtstages am 29. April 1998 wurden daher drei von der Republik Island gespendete Basaltgedenksteine auf seinem Grab im Alten Südlichen Friedhof in München enthüllt. Die Bayerische Akademie der Wissenschaften kann stolz darauf sein, dass der überragende Geisteswissenschaftler und große Demokrat Konrad Maurer zu den Ihrigen zählt.

---

51 Magnús Stefánsson, Die deutschen und skandinavischen Germanisten und der Norden, in: Norges Forskningsråd – Berichte über das 8. deutsch-norwegische Historikertreffen in München, Mai 1995. Oslo 1997, S. 24–43, hier S. 34 f.

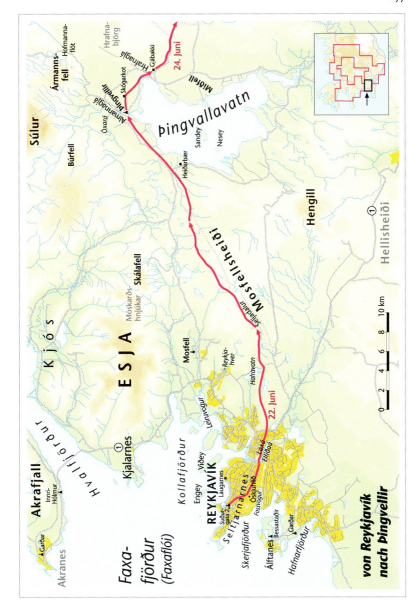

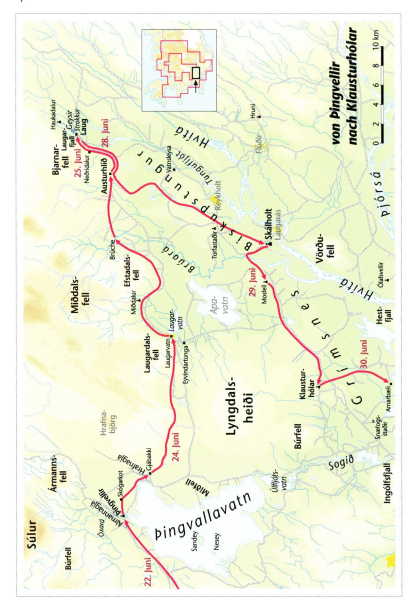

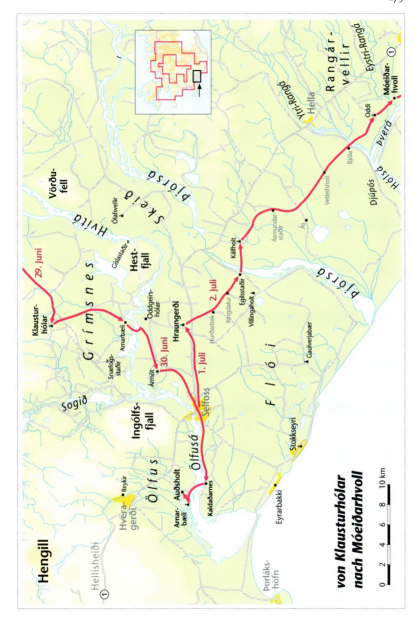

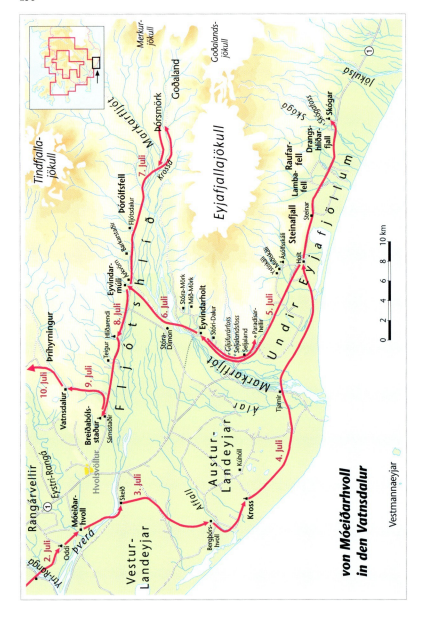

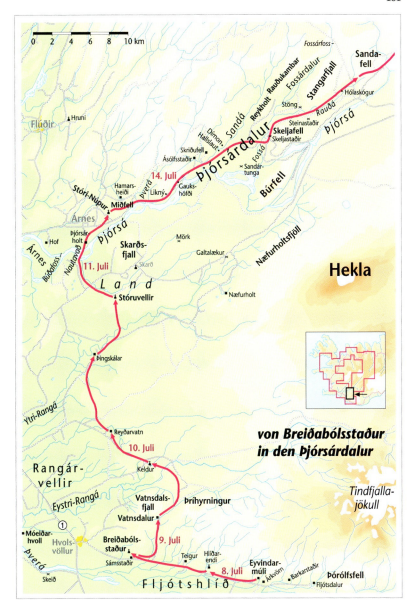

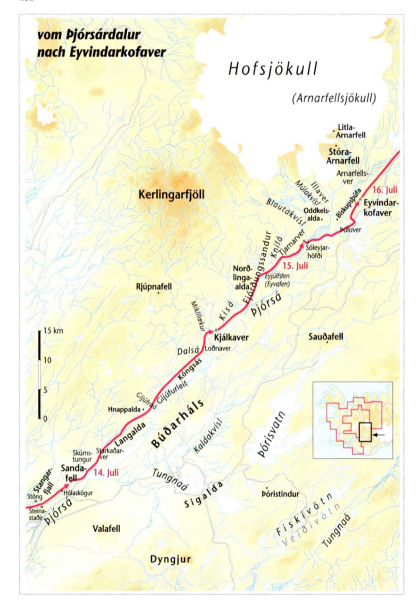

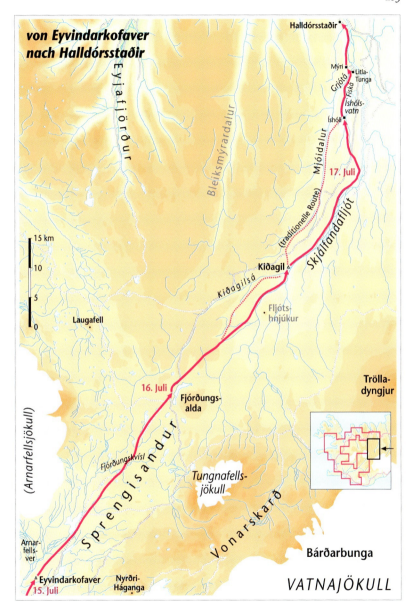

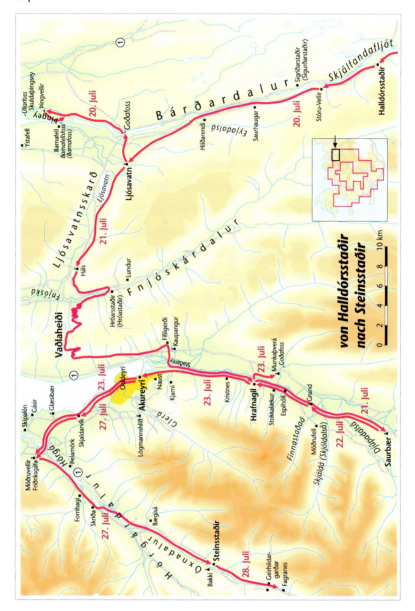

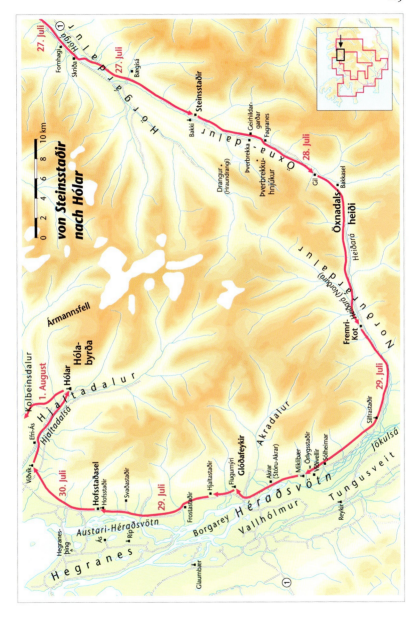

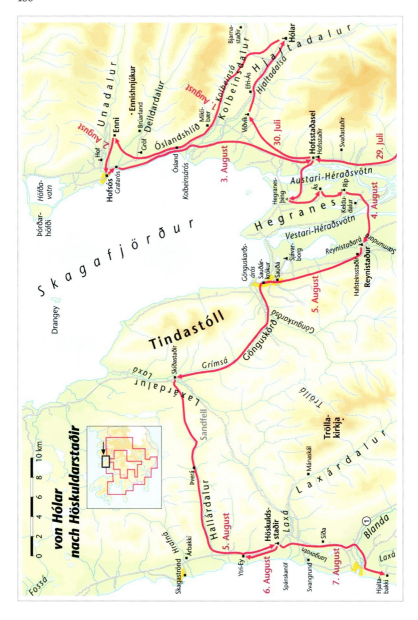

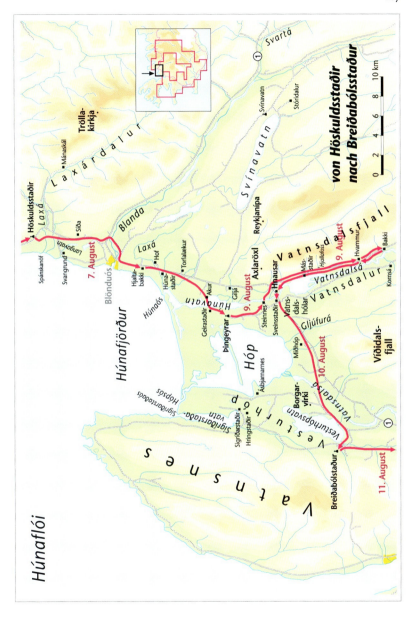

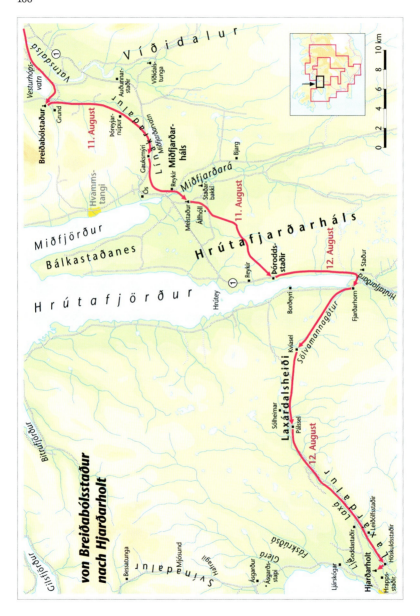

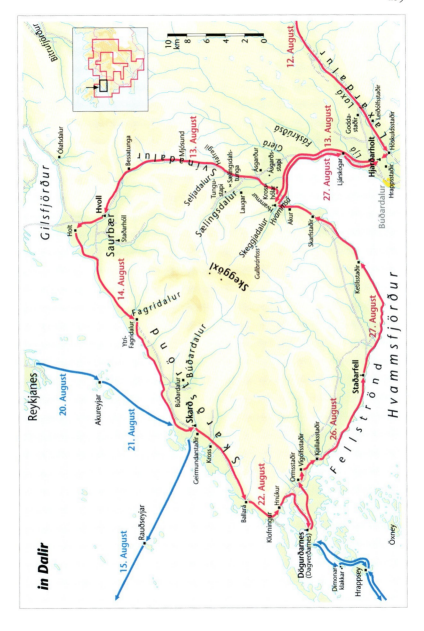

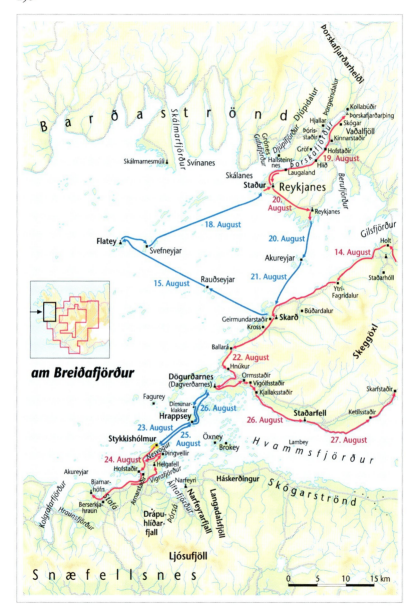

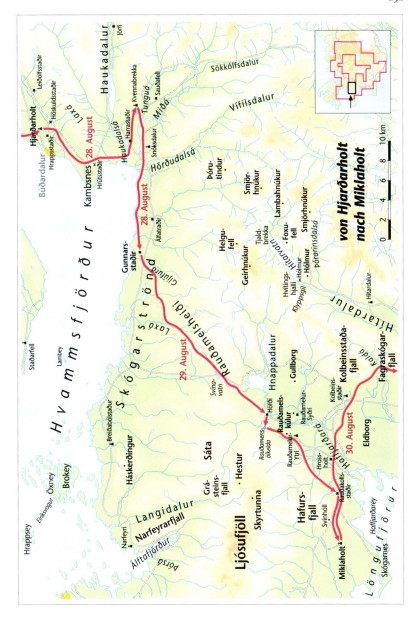

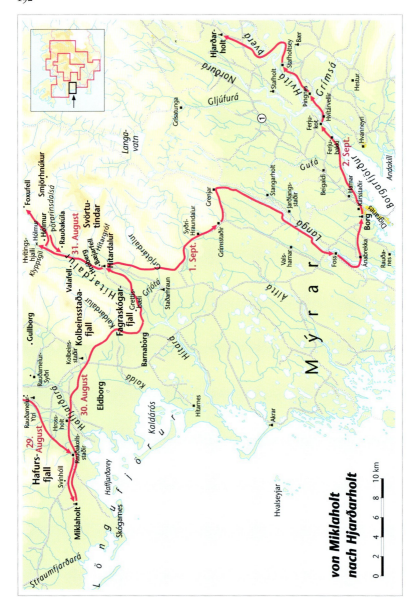

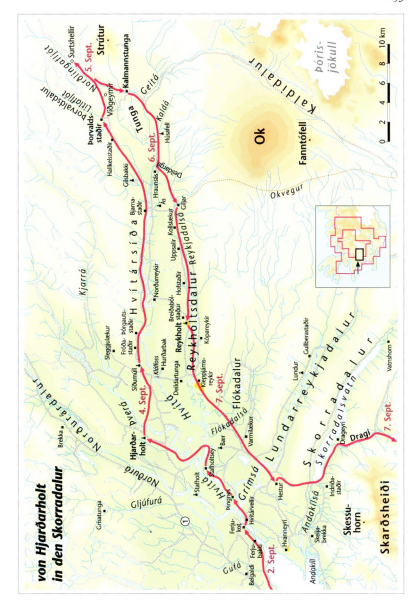

vom Skorradalur nach Hafnarfjörður

Münchner Nordistische Studien

herausgegeben von Prof. Dr. Annegret Heitmann und Prof. Dr. Wilhelm Heizmann

Band 31: Alessia Bauer, Kurt Schier (Hrsg.) mit einem Nachtrag von Peter Landau: **Konrad Maurer, Reise nach Island (im Sommer 1858)** · Kommentierte Ausgabe · Zwei Bände, nur geschlossen beziehbar
2017 · 946 Seiten · ISBN 978-3-8316-4677-7

Band 30: Mathias Kruse: **Literatur als Spektakel** · Hyperbolische und komische Inszenierung des Körpers in isländischen Ritter- und Abenteuersagas
2017 · 738 Seiten · ISBN 978-3-8316-4588-6

Band 29: Sabine Schmalzer: **Aspekte der magischen Weisheit in den epischen Liedern der Edda und der finnisch-karelischen Volksdichtung**
2017 · 314 Seiten · ISBN 978-3-8316-4579-4

Band 28: Marco Richter: **Die Diözese am Ende der Welt** · Die Geschichte des Grönlandbistums Garðar
2017 · 164 Seiten · ISBN 978-3-8316-4572-5

Band 27: Daniela Hahn, Andreas Schmidt (Hrsg.): **Bad Boys and Wicked Women** · Antagonists and Troublemakers in Old Norse Literature
2016 · 426 Seiten · ISBN 978-3-8316-4557-2

Band 26: Gruppe 9/83 (Hrsg.): **Spuren** · Skandinavier in München – Münchner in Skandinavien
2016 · 136 Seiten · ISBN 978-3-8316-4556-5

Band 25: Anne Hofmann: **Krumme Hölzer der Schädel** · Die Trinkhörner der isländischen Sagas
2017 · 320 Seiten · ISBN 978-3-8316-4546-6

Band 24: Matthias Egeler (Hrsg.): **Germanische Kultorte** · Vergleichende, historische und rezeptionsgeschichtliche Zugänge
2016 · 376 Seiten · ISBN 978-3-8316-4529-9

Band 23: Anna Lena Deeg: **Die Insel in der nordgermanischen Mythologie**
2016 · 258 Seiten · ISBN 978-3-8316-4507-7

Band 22: Marion Lerner: **Von der ödesten und traurigsten Gegend zur Insel der Träume** · Islandreisebücher im touristischen Kontext
2015 · 334 Seiten · ISBN 978-3-8316-4483-4

Band 21: Alessia Bauer: **Laienastrologie im nachreformatorischen Island** · Studien zu Gelehrsamkeit und Aberglauben
2015 · 644 Seiten · ISBN 978-3-8316-4480-3

Band 20: Katharina Müller, Stephan Michael Schröder (Hrsg.): **Kosmopolitismus und Körperlichkeit im europäischen Theater des 18. Jahrhunderts**
2016 · 298 Seiten · ISBN 978-3-8316-4428-5

Band 19: Georg C. Brückmann, Andrea Tietz, Florian Deichl, Andreas Fischnaller, Anna Lena Deeg (Hrsg.): **Cultural Contacts and Cultural Identity** · Proceedings from the Munich Interdisciplinary Conference for Doctoral Students, October 9th–11th, 2013
2015 · 292 Seiten · ISBN 978-3-8316-4333-2

Band 17: Irene Ruth Kupferschmied: **Die altisländischen und altnorwegischen Marienmirakel** · Zwei Bände, nur geschlossen beziehbar.
2017 · 670 Seiten · ISBN 978-3-8316-4277-9

Band 16: Annegret Heitmann, Stephan Michael Schröder (Hrsg.): **Tourismus als literarische und kulturelle Praxis** · Skandinavistische Fallstudien
2013 · 316 Seiten · ISBN 978-3-8316-4231-1

Band 15: Matthias Egeler: **Celtic Influences in Germanic Religion** · A Survey
2013 · 162 Seiten · ISBN 978-3-8316-4226-7

Band 14: Jeffrey Scott Love: **The Reception of »Hervarar saga ok Heiðreks« from the Middle Ages to the Seventeenth Century**
2013 · 342 Seiten · ISBN 978-3-8316-4225-0

Band 13: Joachim Schiedermair, Klaus Müller-Wille (Hrsg.): **Diskursmimesis** · Thomasine Gyllembourgs Realismus im Kontext aktueller Kulturwissenschaften
2015 · 232 Seiten · ISBN 978-3-8316-4220-5

Band 12: Andrea Tietz: **Die Saga von Þorsteinn bæjarmagn** · Saga af Þorsteini bæjarmagni – Übersetzung und Kommentar
2012 · 204 Seiten · ISBN 978-3-8316-4183-3

Band 11: Georg C. Brückmann: **Altwestnordische Farbsemantik**
2012 · 130 Seiten · ISBN 978-3-8316-4168-0

Band 10: Simone Horst (Hrsg.): **Merlínússpá. Merlins Prophezeiung** · Herausgegeben, übersetzt und kommentiert von Simone Horst
2012 · 244 Seiten · ISBN 978-3-8316-4166-6

Band 9: Christof Seidler: **Das Edda-Projekt der Brüder Grimm** · Hintergrund, Analyse und Einordnung
2014 · 420 Seiten · ISBN 978-3-8316-4158-1

Band 8: Wilhelm Heizmann, Joachim Schiedermair (Hrsg.): **Hoch, Ebenhoch, der Dritte** · Elite als Thema skandinavistischer Literatur- und Kulturwissenschaft
2012 · 398 Seiten · ISBN 978-3-8316-4154-3

Band 7: Annegret Heitmann, Stephan Michael Schröder (Hrsg.): **PopAvant – Verhandlungen zwischen Populärkultur und Avantgarde in Dänemark**
2012 · 310 Seiten · ISBN 978-3-8316-4119-2

Band 6: Nicolas Wieske: **Kommerzielle Revolution in Norwegen und Island?** · Intraregionaler Handel im Spiegel altwestnordischer Quellen
2011 · 156 Seiten · ISBN 978-3-8316-4084-3

Band 5: Simone Horst: **Merlin und die völva** · Weissagungen im Altnordischen
2010 · 410 Seiten · ISBN 978-3-8316-0978-9

Band 4: Mathias Kruse: **Die Geschichte von Halfdan, dem Schützling der Brana** · Hálfdanar saga Brönufóstra – Übersetzung und Kommentar
2009 · 202 Seiten · ISBN 978-3-8316-0882-9

Diese und alle weiteren Titel erhältlich im Buchhandel oder direkt beim Verlag:
Herbert Utz Verlag GmbH, München
089-277791-00 · info@utzverlag.de

Gesamtverzeichnis mit mehr als 3000 lieferbaren Titeln: www.utzverlag.de